아이를 잘 키운다는 것

아이를 잘 키운다는 것

초판 1쇄 발행 2007년 7월 23일 **초판 65쇄 발행** 2023년 12월 27일

지은이 노경선
펴낸이 이승현

출판1 본부장 한수미
라이프 팀
본문 일러스트 이부록
기획 H2 기획연대

펴낸곳 ㈜위즈덤하우스 **출판등록** 2000년 5월 23일 제13-1071호
주소 서울특별시 마포구 양화로 19 합정오피스빌딩 17층
전화 02) 2179-5600 **홈페이지** www.wisdomhouse.co.kr

ⓒ 노경선, 2007

ISBN 978-89-91731-18-9 13000

- 이 책의 전부 또는 일부 내용을 재사용하려면 반드시 사전에 저작권자와
  ㈜위즈덤하우스의 동의를 받아야 합니다.
- 인쇄·제작 및 유통상의 파본 도서는 구입하신 서점에서 바꿔드립니다.
- 책값은 뒤표지에 있습니다.

소아정신과 최고 명의가 들려주는 아이들의 심리와 인성발달

아이를 잘 키운다는 것

노경선 지음

위즈덤하우스

| Prologue |

나에게 온 꽃, 나의 아이

'하루 계획은 아침에 하고, 일 년 계획은 봄에 하고, 인생 계획은 자식 농사로 한다'는 말이 있습니다. 40년 동안 소아정신과 의사로 일해온 저는 이 말을 떠올릴 때마다 아이를 잘 키우는 게 세상에서 가장 중요한 일이라는 생각을 많이 했습니다. 사람들이 제게 뭐 하는 사람이냐고 물으면, "어떻게 하면 아이를 잘 키울 수 있을까 고민하면서 사는 사람"이라고 대답하곤 했습니다. 이렇게 고민하고 생각하면서 오랜 세월을 보내고 나니 이제야 뭔가 어슴푸레 보이는 것 같기도 합니다.

소아정신과 의사로서의 40년 경험과 자녀교육 노하우를 책으로 써달라는 부탁을 여러 번 받았지만 매번 거절했습니다. 자녀교육과 관련된 좋은 책들이 많이 나와 있었고, 제가 쓰게 될 책이 그 책들보다 특별히 더 새로울 것도 없겠다는 생각 때문이었습니다. 그런데 자세히 살펴보니 대부분의 자녀교육서들이 자녀를 잘 키운 경험담 차원의 접근이거나 자녀교육의 기술이나 방법만을 알려주는 책들일 뿐, 그동안 많은 발전을 거듭한 최신 두뇌과학의 성과를 기초로 자녀교육의 본질에 대해서 과학적으로 접근한 책은 찾기 어려웠습니다. 그래서 저는 많은 고심 끝에 이 책을 집필하기로 마음먹었습니다. 의과대학과 병원이라는 생생한 현장에서 소아정신과 의사로서 40년이라는 긴 시간 동안 쌓아온 자녀교육의 노하우를 이제는 많은 부모님과 선생님 들께 알려드리고 함께 의논해야겠다는 책임감에서입니다.

1970년대 말부터 미국의 일리노이 의과대학에서 인간발달학을 가르치기 시작한 뒤로 많은 세월이 흘렀고, 과학사에도 많은 변화와 연구의 진전이 있었습니다. 프로이트의 정신분석적 발달, 피아제의 인지 발달, 말러의 분리 개별화, 콜버그의 도덕 발달 등 수많은 행동발달 이론들과 씨름하면서, 어떻게 하면 좀더 쉽고도 효과적으로 가르칠 수 있을까 하는 생각을 많이 했습니다. 자녀를 기르고 가르치는 데 시행착오를 겪는 부모님들께 무엇이 실질적인 도움이 될 수 있을까에 대해서도 많이 고민했습니다. 그리고 수많은 환자와 부모 들을 만나면서 저 또한 많은 것을 배우고 경험했습니다. 이 책은 그러한 숱한 고민과 임상경험의 산물입니다.

제가 가르친 많은 제자들이 교육을 마칠 때면 이구동성으로 하는 말이 있습니다. "공부하러 왔다가 좋은 부모가 되어서 갑니다"라고 말이죠. 이 책을 읽는 많은 분들도 부디 이 책을 통해 좋은 부모로 거듭날 수 있기를 기대합니다.

끝으로 고 김춘수 님의 「꽃」이란 시로 글의 마무리를 대신할까 합니다. 우리 아이들이 많은 부모님들에게 "꽃"이 되기를 바라는 마음으로 머리말을 마칩니다.

내가 그의 이름을 불러주기 전에는
그는 다만
하나의 몸짓에 지나지 않았다.

내가 그의 이름을 불러주었을 때
그는 나에게로 와서
꽃이 되었다.

내가 그의 이름을 불러준 것처럼
나의 이 빛깔과 향기에 알맞은
누가 나의 이름을 불러다오.
그에게로 가서 나도
그의 꽃이 되고 싶다.

우리들은 모두
무엇이 되고 싶다.
너는 나에게 나는 너에게
잊혀지지 않는 하나의 눈짓이 되고 싶다.

2007년 여름
노경선

| Contents |

Prologue_ 나에게 온 꽃, 나의 아이 • 4

chapter1 부모는 어떤 존재인가?

1장 | 아이를 어떻게 키울 것인가?

1_ 아이에게 무엇을 물려줄 것인가?
성공 신화의 덫 • 17
영어 조기 교육으로 말을 못 하게 된 아이 이야기 • 19
다른 사람과 잘 지내는 능력을 물려주어야 한다 • 22

2_ 부모 자식 관계가 아이의 평생 성격을 결정한다
성격은 타고나는 것과 길러지는 것의 합 • 25
애착은 타고난 생존 본능 • 29
엄마를 두 번 잃어버린 아이 이야기 • 33
부모의 사랑 표현법, '민감하게, 행동으로, 한결같이' • 37

3_ 아이의 문제는 100% 부모와의 관계에서 생긴다
아들을 정신병원에 입원시킨 아버지 이야기 • 43
부모의 양육 패턴은 자식을 통해 대물림된다 • 46
나의 심리적 문제는 부모에게서 온 것 • 48
내 부모를 알아야 아이를 제대로 키울 수 있다 • 51

2장 | 나는 어떤 부모인가?

1_ 편안하고 성격이 좋은 사람 – 안정애착
안정애착과 불안정애착 • 59
혼자 있어도, 같이 있어도 마음이 편안한 사람 • 62
나에게도, 다른 사람에게도 긍정적인 태도를 가진 사람 • 65
안정애착을 만드는 양육 형태 • 66

2_ 남과 있으면 불편한 사람 – 무시형 불안정애착
무시하고 거부하는 부모가 외로운 아이를 만든다 • 70
이유 없이 울화가 치미는 40대 여성 이야기 • 73
무시형 불안정애착을 만드는 양육 형태 • 75

3_ 혼자 있으면 불안한 사람 – 집착형 불안정애착
이랬다저랬다 하는 부모가 떼쓰는 아이를 만든다 • 78
엄마가 죽기를 바라는 어린 아들 이야기 • 82
집착형 불안정애착을 만드는 양육 형태 • 84

chapter2 아이는 어떻게 자라는가?

1장 | 기억이 아이를 만든다

1_ 기억이 아이를 만든다
모든 자극은 기억으로 남는다 • 91
과거의 기억이 현재를 지배한다 • 94
뇌 발달은 부모와의 경험에 달려 있다 • 97

2_ 기억의 메커니즘
갓난아기의 뇌는 자극을 찾아다닌다 • 100
두뇌의 발달 과정, 단기기억과 장기기억 • 102
엄마가 주 양육자가 되어라 • 107

3_ 아이의 뇌를 발달시키는 것, 파괴하는 것
스트레스가 아이의 뇌를 파괴한다 • 111
엄마의 자극은 아이의 뇌를 발달시키는 최고의 장난감 • 113

2장 | 감정 표현은 생존의 필수 조건

1_ 감정이란 무엇인가?
감정은 자극에 대한 몸의 반응 • 119
기본 감정은 이미 타고난다 • 122
솔직한 감정 표현이 성격 좋은 아이를 만든다 • 126

2_ 감정 표현은 부모와 아이를 이어주는 연결 고리
아무것도 느낄 수 없었던 아버지의 고통 • 130
나쁜 감정은 드러내서는 안 된다? • 133
어떻게 아이와 감정을 맞출 수 있을까? • 136

3장 | 머리가 좋다는 것? 환경적응력이 뛰어나다는 것

1_ 환경적응력은 남의 도움을 받는 능력
공부의 원천은 호기심 • 141
환경적응력이 뛰어나야 공부를 잘한다 • 143
지능을 주관하는 뇌의 사령탑, 전전두엽 • 147

조기 교육이 아닌 적기 교육을 • 150
아이보다 반 발짝만 앞서 가라 • 152

2_ 사회성은 공감하고 배려하는 능력

다른 사람에게 둔감한 사람들 • 155
좋은 성격은 사회성 뇌의 질로 결정된다 • 158
이해받고 있다는 느낌이 사회성을 키운다 • 162

chapter3 아이는 이렇게 키워라

1장 | 마음 편하고 성격 좋은 아이로 키워라
— 행복한 아이로 키우는 10가지 덕목

1_ 부모와 자녀는 무조건 친해야 한다 - 부자유친父子有親 • 172
2_ 가정에 민주주의를 도입하라 - 상명하달에서 인정과 존중으로 • 177
3_ 만 3세 이전에는 주 양육자를 바꾸지 마라 - 만 3세까지는 민감한 시기 • 185
4_ 아이 때문에 화가 날 때는 '일단 멈춤' 하라 - 합리적 사고 • 188
5_ 때려서는 아이의 나쁜 행동을 고칠 수 없다 - 체벌에 대한 생각 바꾸기 • 191
6_ 가정에 재판 절차를 도입하라 - 공정하고 예측 가능한 절차 만들기 • 200
7_ 학원에 보내는 것만이 능사는 아니다 - 전문 교육이 아닌 적기 교육을 • 205
8_ 과잉보호는 아이의 정서적 성장을 방해한다 - 한계와 타협하는 방법 가르치기 • 209
9_ 컴퓨터 하는 꼴은 봐야 한다 - 기호와 중독 사이 • 214
10_ 사춘기 자녀들은 부모와 거리를 두어야 한다 - 의존에서 독립으로 • 219

2장 | 자녀 양육에 관한 Q&A

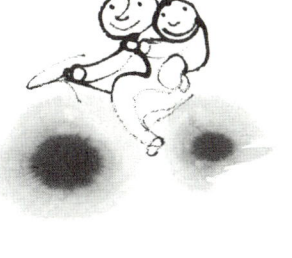

- **Q 01** 밥을 먹지 않을 때 • 227
- **Q 02** 막무가내로 떼쓰고 고집을 피울 때 • 230
- **Q 03** 칭얼거리거나 징징대면서 울 때 • 233
- **Q 04** 거칠고 공격적인 행동을 보일 때 • 235
- **Q 05** 밤에 무섭다고 엄마 방에 올 때 • 239
- **Q 06** 참을성이 없고 충동적일 때 • 241
- **Q 07** 거짓말을 할 때 • 243
- **Q 08** 욕을 할 때 • 246
- **Q 09** 동생이 태어났을 때 • 248
- **Q 10** 형제간에 다툼이 심할 때 • 251
- **Q 11** 잠시도 가만히 있지 못할 때 • 253
- **Q 12** 지나치게 완벽주의적인 태도를 보일 때 • 256
- **Q 13** 자신감이 없어 보이고 위축된 것 같을 때 • 258
- **Q 14** 손톱을 물어뜯는 등 나쁜 버릇이 들었을 때 • 263
- **Q 15** 성적인 행동을 할 때 • 265
- **Q 16** 밤에 오줌을 쌀 때 • 267
- **Q 17** 도벽이 있을 때 • 269
- **Q 18** 사춘기에 부모에게 대들고 반항할 때 • 271
- **Q 19** 집을 나갈 때 • 273
- **Q 20** 말을 안 하고 혼자만 있으려고 할 때 • 276
- **Q 21** 이성친구가 생겼을 때 • 277
- **Q 22** 자녀의 진로가 걱정될 때 • 279

- **부록 1** 나와 부모의 관계를 탐색하는 방법 - 성인 애착 면접법 • 282
- **부록 2** 성인 애착 면접의 실례 • 286
- **부록 3** 아이의 뇌는 어떻게 발달하는가? • 290

chapter 1

아이가 스트레스를 받으면 안전한 항구 같은 엄마 품에서 위안을 얻기 위해 애착 행동을 보이고, 이를 눈치 챈 엄마가 안아주고 위로해 주면 아이는 엄마라는 항구에 닻을 내리고 평화를 찾습니다. 또한 마음 속의 안전 기지로 엄마의 이미지를 만들어내어 엄마가 없더라도 불안한 상황을 헤쳐 나가려고 합니다. 아이가 애착 행동을 보였을 때 엄마가 이것을 잘 읽고 제대로 반응해 주면, 아이는 편안한 성격을 가진 사람으로 성장하게 됩니다. 그러나 엄마가 아이의 신호를 제대로 해석하지 못하고 귀찮아하거나, 아이의 요구를 무시하거나, 또는 엄마의 감정 기복에 따라 들어주었다, 들어주지 않았다를 반복하면 아이는 심리적으로 매우 불안해집니다.

요컨대 아이의 성격을 형성하는 데에는 엄마와의 애착 관계가 아이의 기질적 요소보다 더 중요한 역할을 합니다. 아기가 엄마를 찾고 울 때 엄마가 재빨리 알아채고 원하는 것을 바로 해결해 주면, 아기는 자기가 원할 땐 언제나 엄마가 도와주고 안심시켜 준다는 것을 배우게 됩니다. 또 '엄마는 나와 즐겁게 놀고, 내가 원하는 것을 다 알아채고 해결해 주었어. 엄마랑 있으면 마음이 놓이고 편안해. 엄마와 있을 때 즐겁고 편안했으니까, 다른 사람과 있어도 그럴 거야'라는 긍정적인 생각을 갖게 되고, 엄마가 항상 자신에게 집중하고 반응해 주었기 때문에 '나는 쓸 만한 사람, 사랑받을 가치가 있는 사람'이라는 자존감을 갖게 됩니다. 이때 아이의 마음속에는 좋은 엄마의 상이 그려지고, 이 엄마의 상은 어려움이 닥칠 때마다 극복할 수 있는 힘을 줍니다.

부모는 어떤 존재인가?

| 1장 |

아이를 어떻게 **키울 것인가?**

1_ 아이에게 무엇을 물려줄 것인가?

성공 신화의 덫

'부모가 자녀를 키운다는 것'은 무엇을 뜻할까요? 그것은 '아이가 성인이 되었을 때 독립적인 존재로 자신이 원하는 삶을 살 수 있도록 힘을 키워주는 것'이라고 정의해도 좋을 듯합니다.

아이가 어떤 사람이 되어야 할까, 어떤 인생을 살면 좋을까 하는 문제를 대개의 부모들은 아이가 어떤 직업을 가진 사람이 되어야 하는가의 문제로 바라보는 것 같습니다. 아이가 직업적으로 성공한 사람이 되어 사회적인 명예와 부를 거머쥐고 살기를 바라는 것이지요. 그래서 부모는 아이가 아주 어릴 때부터 공부하라고 다그치게 되고, 아이들은 초등학교 입학 전부터 공부에 시달리곤 합니다.

초등학교에 입학할 무렵이 되면 학습지와 학원을 포함해서 아이의 일주일 일과는 공부 스케줄로 꽉 짜입니다. 아이들이 하나같이 학원 다니느라 바쁘다보니, 골목과 놀이터에는 함께 뛰어놀 친구들이 없습니다. 현재 우리 아이들의 고단한 삶은 대한민국 부모들이 성공에 얼마나 집착하고 불안해 하는지를 단적으로 보여줍니다.

그런데 사회적 성공과 부만 얻으면 행복해질 수 있을까요? 행복하다는 것은 과연 무엇을 뜻할까요? 아이를 행복하게 키운다는 것이 사회적으로 성공한 사람으로 만드는 것을 의미할까요? 케네디 대통령이 미국 최연소 대통령이 되어서 행복했을까요? 세계 최대의 소프트웨어 회사인 마이크로소프트를 설립한 빌 게이츠가 세계 제일의 갑부가 되어서 행복할까요? 과연 내 아이를 케네디처럼 또는 빌 게이츠처럼 키우면 아이가 삶에 만족하고 행복할 수 있을지, 그것은 곰곰 생각해 볼 문제입니다. 불행하게도 모든 아이들이 빌 게이츠나 케네디 대통령처럼 훌륭한 사람이 될 행운과 능력을 갖고 태어나지는 않습니다. 만일 부와 명예만을 삶의 최종 목표로 삼는다면 소수를 제외한 대부분의 평범한 사람들은 결코 행복해질 수 없겠지요.

허무감과 공허한 느낌 때문에 힘들어하던 60대 남자가 있었습니다. 멀리 미국으로 이민 간 그는 침실이 1칸뿐인 집에서 아이들과 살 때, 침실이 2칸짜리인 집으로 이사하면 행복할 거라고 생각했습니다. 그래서 물불을 가리지 않고 열심히 일만 했지요. 그런데 막상 침실 2칸짜리 집을 사고 나니 침실이 3칸 있는 집을 사야

보다 행복해질 것 같았습니다. 그는 더욱 열심히 일해서 침실 3칸짜리 집을 거쳐, 마침내 침실이 4칸이나 되는 크고 좋은 집을 샀습니다. 그때 그분의 나이는 이미 환갑을 앞두고 있었지요. 그러나 평생을 일에만 매달려 살아온 탓에 주변에는 마음을 나눌 친구 하나 없고 아내와 아이들도 멀게만 느껴졌습니다. 그분은 그렇게 원하던 좋은 집을 가졌는데도 조금도 행복하다고 느끼지 못했습니다. 침실 4칸과 자신의 젊음을 맞바꾸었다고 생각하니 오히려 허탈해졌다고 합니다.

어떻게 하면 우리 아이들이 행복하고 즐겁게 살 수 있을까요? 소아정신과 전문의로서의 견해를 말하자면, 행복의 충분조건은 '마음 편하고 성격 좋은 사람'이 되는 것이라고 생각합니다. IQ 140 이상의 좋은 머리를 타고나지 못해 빌 게이츠처럼 큰 명성과 부를 얻지는 못하더라도 자기가 하는 일에 만족하고 가족, 친구들과 잘 어울려 산다면 그건 행복한 인생입니다. 많이 벌지 못해도 남에게 신세지지 않고, 가족과 친구와 이웃들과 잘 지내고, 아이들과도 다툼 없이 즐겁게 지낸다면 그 사람은 행복하다고 말할 수 있지 않을까요?

영어 조기 교육으로 말을 못 하게 된 아이 이야기

30대의 젊은 엄마가 세 살배기 딸아이를 데리고 저를 찾아왔습니다. 말을 곧잘 해야 할 나이임에도 아이가 또래 아이들에 비해 언어 능력이 현저히 떨어지고 말도 하지 않으려고 해서 찾아온 것이었지요.

아이 엄마와 상담을 하는 동안 아이는 진료실을 두리번거리면서 호기심을 드러냈습니다. 그러더니 방에 있던 달력과 포스터, 책 등에서 알파벳만 보이면 큰 소리로 읽는 것이었습니다. 아이는 영어 알파벳을 읽을 때에만 입을 뗐던 것이지요. 아이는 자신의 생각을 의미 있는 우리말 문장으로 표현하지 못하고, 입 밖으로는 영어만 소리 내어 읽을 뿐이었습니다.

아이 엄마는 자신의 아이가 다른 아이보다 몸을 빨리 뒤집고, 빨리 기고, 엄마 아빠라는 단어도 빨리 말하는 등 발달이 빠르고 똑똑하다고 판단해서 영어 조기 교육을 시작했다고 합니다. 그래서 18개월이 채 되기 전부터 영어 그림책을 읽어주고, 벽에 붙여 놓은 알파벳 포스터를 아이와 함께 보면서 알파벳을 가르쳐주고 소리 내어 읽게 했습니다. 엄마는 아이에게 하루 종일 영어 비디오를 틀어주었습니다. 아이가 소리 내어 말하는 알파벳들은 비디오 장면에서 진행자가 알파벳을 읽어주는 것을 흉내 낸 것이었지요. 아이가 곧잘 따라 하자 엄마는 고무되어 아이에게 더 많은 영어 비디오를 사서 틀어주었다고 합니다.

비디오와 노는 시간이 더 많았던 아이는 엄마와 놀고 싶어서 떼를 썼지만, 엄마는 아이 머릿속에 영어를 심어주어야 한다는 일념으로 아이가 비디오를 보지 않으면 혼을 냈다고 합니다. 결국 엄마가 의식하지 못하는 사이에 아이는 곧잘 하던 우리말 대신 영어 알파벳을 더 많이 말하기 시작했습니다. 엄마가 잘했다고 칭찬할 때면 아이는 "에이!"라고 크게 외쳤지만, 18개월부터 구사하기 시작해야 할 우리말 문장은 전혀 배우지 못했지요.

아이가 이상하다고 느낀 엄마는 아이에게 이것저것 말을 시켜보고 무슨 말이든 해보라고 달래도 보았지만, 아이는 단어만 나열하고 영어 알파벳만 이야기할 뿐, 의미 있는 우리말 문장을 구사하지 못했습니다.

엄마와 놀면서 자연스럽게 우리말을 습득해야 할 나이에 영어 비디오와 놀았기 때문에 정상적인 언어 능력을 획득하지 못한 것입니다. 더욱 큰 문제는 엄마가 영어 공부를 강압적으로 시킨 탓에 아이가 엄마를 무서워하게 된 것이었지요. 치료를 위해 영어 비디오뿐만 아니라 모든 비디오테이프를 당장 치우라고 권유하고, 아이의 요구를 충분히 받아주고 무조건 잘 놀아주라고 했습니다. 그리고 1년 후 다행히 아이는 정상적인 언어 능력을 회복할 수 있었습니다.

좋은 성격도 길러주고 공부도 잘하게 하는, 꿩도 먹고 알도 먹을 수 있는 유일한 방법이 있다면 그것은 엄마와 공부하는 게 재미있다는 생각을 아이에게 심어주는 것입니다. 학교에 들어가기 전부터 엄마와 책을 읽고 도서관에 가고 영어 공부를 하는 것이 재미있다는 경험을 한 아이들은 학교 공부도 재미있다고 생각하여 호기심을 유지할 수 있습니다. 반면 무서운 엄마가 억지로 시키는 공부는 아이의 발달을 방해할 뿐입니다.

미국 아이들과 우리나라 아이들이 피아노를 배우는 모습을 비교해 볼까요. 우리나라 아이들의 경우 '바이엘', '체르니'로 옮겨 가면서 선생님과 엄마를 미워하며 지긋지긋해 하는 아이들을 많이 보았습니다. 그런데 미국 아이들은「작은 별」한 곡을 몇 달 동안 치면서, 선생님과 엄마와 깔깔거리며 논답니다.

피아노를 치는 궁극적인 목표가 무엇일까요? 세계적인 피아니스트가 되는 걸까요? 아니면 피아노 강사가 되는 걸까요? 그것이 아니라면 피아노를 즐기게 해주려는 것인가요? 전자가 아니라 후자라면 무엇보다도 먼저 엄마나 선생님과 함께 피아노를 치고 노는 것이 재미있다는 것을 아이 스스로 느끼게 해줘야 하지 않을까요?

다른 사람과 잘 지내는 능력을 물려주어야 한다

사회적 성공과 부에 대한 부모의 집착을 버리라고 하는 것은 너무 순진한 생각인지 모릅니다. 하지만 분명한 것은 성격 좋은 사람으로 성장하는 것이 행복한 사람이 되는 길이란 사실입니다. 좋은 직업을 갖게 하기 위해 공부를 잘해야 한다고 다그치면, 아이가 공부는 잘할지언정 성격은 망가지기 쉽습니다. 아이는 공부가 점점 더 재미없어지고 다그치는 부모에 대한 원망과 공부에 대한 부담감으로 더욱 힘들어지면서, 결국 편안한 성격이 자리 잡을 수 있는 마음속 공간을 잃게 되지요.

아이는 5~6세에 유치원에 들어가면서 또래 집단과 어울리기 시작합니다. 이때 다른 아이와 잘 어울리지 못하면 아이는 위축되거나, 반대로 과도한 행동을 통해 자신을 드러내려 합니다. 하지만 그럴수록 다른 아이들과 더 어울리지 못하고 겉돌게 되지요.

원만한 대인관계 능력은 다른 사람과 함께 있을 때 재미있고 좋았다는 경험 속에서 자라납니다. 물론 여기에는 중요한 전제 조건이 따릅니다. 즉 다른 사람을 보면 반가운 마음이 들어야 한다는 것이지요. 다른 사람이 반가우려면, 아이 생애 최초의 다른 사람인 '엄마'가 반갑고 좋아야 합니다. 엄마에게 요구했더니 엄마가 다 들어주고 힘든 것을 해결해 준 경험, 엄마가 여러 가지 사정으로 요구를 들어주지는 못했지만 엄마에게 섭섭한 마음을 위로받고 마음의 힘을 얻었던 경험에서 이러한 능력이 생겨납니다.

엄마에게 도움을 요청했는데 도움은커녕 야단만 맞았다면 아이는 다른 사람을 만나도 마찬가지일 거라고 생각해, 결국 다른 사람을 꺼리게 됩니다. 요컨대 엄마와의 좋은 관계 속에서 다른 사람을 반기는 마음이 자연스럽게 자라나는 것이지요.

또한 엄마는 아이에게 어떻게 하면 다른 사람도 나를 반기게 되는지에 대해서 가르쳐야 합니다. 다른 사람을 배려하지 않고 자신이 하고 싶은 것만 고집하면 곁에 아무도 남지 않게 된다는 것을요. 그리고 남을 먼저 생각하고 양보하는 사람은 다른 사람을 쉽게 미워하지 않고, 다른 사람도 자연히 이런 사람과 같이 있는 것을 좋아한다는 걸 말이지요. 이런 사람과는 뭘 해도 재미있다는 생각을 아이 머릿속에 심어주는 겁니다.

예를 들어 아이들과 외식을 하러 나갈 때, 부모가 가고 싶은 곳으로 일방적으로 데려가는 것이 아니라 항상 아이의 의사를 물어본 후 다수결로 정하거나 의견을 모아서 민주적으로 결정한다면, 나의 기호뿐 아니라 남의 기호도 배려하는 습관을 가르치는 셈입니다. 남이 무엇을 좋아하는지 물어보고 존중해 주는 것을 몸소 보여주는 것이지요. 이런 아이는 밖에 나가서 또래 친구와 놀 때도 자기 마음대로 "이렇게 놀자, 저렇게 놀자" 하며 친구들에게 강요하지 않습니다. 먼저 다른 아이들의 생각을 하나하나 물어보고, 그런 과정에서 아이는 자연스럽게 리더의 자질을 갖추게 되는 것입니다. 민주적인 리더가 진정한 리더입니다. 민주적인 리더란 남의 의견을 물어볼 줄 아는 사람, 여러 사람의 뜻을 기꺼이 수용할 수 있는 사람입니다.

사람은 누구나 존중받기를 원합니다. 카리스마를 내세워 독불장군처럼 혼자 일하는 사람은 오래 버티지 못합니다. 누구든지 남에게 평생 박수만 받으며 혹은 박수만 쳐주며 살기는 어려운 일이니까요. 비록 자신의 의견이 다수결에서 채택되지 않더라도 상대방이 자신의 의견을 물어봐주었다면 박수를 쳐주더라도 최소한 기분이 나쁘지는 않겠지요.

2_ 부모 자식 관계가 아이의 평생 성격을 결정한다

성격은 타고나는 것과 길러지는 것의 합

저를 찾아오는 엄마들의 상당수는 아이가 '날 때부터' 떼만 쓰고 고집을 피웠다고 하소연합니다. 또 어떤 경우에는 '날 때는' 순한 아이였는데 어느 날부턴가 떼쟁이로 변했다고 합니다. 부모가 얘기하는 '날 때부터' 아이가 타고나는 것이 바로 '기질'인데, 무엇보다도 기질은 '대인관계에 상당한 영향을 미치는 요소'로 정의할 수 있습니다. 머리카락 색깔, 키, 피부색 등 신체적 특징도 유전을 통해 물려받지만 대인관계에 크게 영향을 미치지 않기 때문에 기질로 분류하지 않습니다.

　기질의 중요한 요소로는 다른 사람과의 관계에 영향을 미치는 감정이나 태도, 행동 양식이 있습니다. 아이들의 기질은 다음의 세 가지 정도로 분류할 수 있습니다.

순한 아이

달래면 금방 울음을 그치며 잘 먹고 잘 자고, 까다롭지 않고 새로운 환경에 적응을 잘하는 아이입니다. 순둥이라서 엄마들이 흔히 '거저 키웠다'고 생각하는 아이들이지요.

까다로운 아이

감정 기복이 심하고 달래도 쉽게 울음을 그치지 않으며, 고집이 보통이 아니어서 웬만해서는 뜻을 꺾기 어렵습니다. 엄마들이 어떻게 다루어야 할지 몰라 쩔쩔매는 유형의 아이들입니다. 주위 환경에 대한 호기심이 왕성해 한자리에 오래 있지 못하고, 여기저기 재미있는 것을 찾아 돌아다닙니다. 좋고 싫음이 분명해서 싫으면 절대 하지 않으려고 합니다. 부모 입장에서는 키우는 게 만만치 않아 인내심과 믿음과 설득력을 필요로 하지요.

반응이 느린 아이

수줍음이 많은 아이들입니다. 겁도 많아서 낯선 환경에 놓이면 쉽게 위축되고 불안감을 느낍니다. 자기의 욕구나 생각을 잘 드러내지 않아서 종종 무시를 당하기도 합니다. 전반적인 행동 패턴은 대체로 느린 편이지만 단지 환경에 대한 반응이 느릴 뿐입니다. 이런 아이를 '굼벵이'라고 다그치면 자존감이 부족한 아이로 성장할 수 있습니다. 그러므로 다그치지 말고, '대기만성'적인 기질을 이해해 주어야 합니다.

아이들은 저마다 성격적 특성으로 보이는 서로 다른 기질을 갖고 태어납니다. 그러나 성격은 단순히 타고난 기질로만 형성되는 것이 아닙니다. 숙련된 간호사라면 생후 일주일도 안 된 아기, 더 정확하게는 이제 갓 태어난 신생아를 다루면서도 아기의 기질을 파악할 수 있습니다. 하지만 단 며칠이라도 아기가 엄마와 함께 있게 되면 파악하기가 매우 어렵습니다. 결론적으로 말하면, 성격은 기질적인 영향보다는 양육 태도와 방식의 영향을 더 많이 받는다는 말입니다.

생후 일주일 된 비슷한 기질의 순한 아이 십여 명을 모아 2개의 그룹으로 나눈 뒤 한 그룹은 엄마와 같이 재우고, 다른 한 그룹은 엄마와 격리시켜 아기 방에서 따로 재웠습니다. 그런데 엄마와 같이 잔 아이가 격리된 아이보다 낮과 밤을 더 빨리 가리고, 밤에 잘 울지도 않고 푹 잤습니다. 엄마와 같이 잔 아이들은 잠시 깨어 몸을 뒤척여도 엄마가 토닥토닥해 주면 금세 다시 잠들었습니다. 반면 엄마와 따로 잔 아이들은 몸을 뒤척여도 누가 돌봐주지 않았기 때문에 자주 깨어 울었습니다. 앞서 이야기한 것처럼 일주일밖에 안 되는 짧은 양육 기간도 이렇게 아이에게 많은 영향을 미치는 것이지요.

아이가 장난감을 가지고 잘 놀다가도 불안해지거나 피곤을 느끼면 엄마를 찾아 위안을 얻으려고 합니다. 이때 아이의 행동을 재빨리 인식한 엄마는 아이를 품에 안아주지요. 그러면 아이는 이내 편안함을 느끼고 다시 장난감을 가지고 놀기 시작합니다. 이처럼 엄마는 아이가 배고플 때, 자고 싶을 때, 기저귀가 젖었을 때, 놀고 싶을 때, 불안감을 느끼고 무서워할 때 아이의 마음을 읽고 필요한 것을 제공하면서 위로해 주는 고마운 존재입니다. 까다로운 아이로 태어났더라도 엄마의 따뜻한 보살핌이 계속되면 아이는 엄마와 안정적인 관계를 형성하고 마음 편한 순한 아이로 성장합니다.

그러나 위안을 받으려고 다가간 엄마에게서 반응이 없거나, 엄마가 냉정하고 짜증스러운 반응을 보이거나, 심지어 화를 내고 때린다면 아이는 어떻게 될까요? 안아주고 위로해 주기를 기대했던 아이는 엄마의 반응에 당황합니다. 위로를 받으러 찾아간 엄마가 다정한 엄마가 아니라 화내는 엄마, 때리는 엄마인 것이지요. 아이는 어쩔 줄 몰라서 혼란에 빠집니다. 순한 기질을 타고난 아이라 하더라도 엄마와 지속적으로 두렵고 혼란스러운 관계를 맺게 되면 다른 사람과 끊임없이 갈등을 일으키며 성장할 수밖에 없고, 커서도 대인관계에서 큰 어려움에 부딪히게 됩니다.

이런 엄마들은 대부분 자기 기분이 좋을 땐 아이를 다정하게 안아주지만, 속상한 일이 생겨 기분이 좋지 않을 때는 아이를 귀찮아하고 위로해 주려 하지 않습니다. 그러면 아이는 가끔 경험했던 엄마의 푸근한 품을 다시 느끼고 싶어 더욱더 엄마에게 달라붙고, 엄마가 안아주지 않으면 불안해져서 떨어지지 않으려고 떼를 쓰게 됩니다.

혹은 성격이 너무 무덤덤해서 아이가 우는데도 눈치 채지 못하거나, 시댁이나 남편 문제로 속이 많이 상해서 우울해지거나 또는 아이를 엄하게 키워야 한다는 생각으로 응석을 받아주지 않는 엄마들도 있습니다. 이런 경우 아이는 엄마에게 안아달라고 여러 번 요구하다가 이내 포기하게 됩니다. 자신에게 맞춰주지 않는 엄마에게 아이는 절망하게 되고, 결국 엄마에게 다가가지 않고 혼자 놀면서 사람을 피하게 되지요. 이런 아이는 나이에 비해 조숙해 보이고 독립심이 강한 것처럼 보이지만 속으로는 놀아주지 않는 부모에게 분노하고 있습니다. 그러나 엄마에게 화를 내봤자 혼만 나니 아이 혼자서 분노를 삭이는 것이지요.

결국 사람의 최종적인 성격이 어떻게 형성되는지는 어떻게 길러지느냐에 따라 좌우됩니다. 어떤 부모를 만나고 어떤 환경에서 누구와 관계를 맺으며 성장하느냐가 결국 그 사람의 미래를 결정짓게 된다는 말입니다.

애착은 타고난 생존 본능

아이는 왜 엄마를 필요로 하고, 엄마에게 다가가려고 할까요? 그것은 살아남기 위한 아이의 본능 때문입니다. 엄마 옆에 있어야 밥을 먹고, 체온을 유지하며, 엄마의 스킨십을 받아 자신의 면역 체계를 강화시킬 수 있기 때문입니다.

이처럼 사랑하는 대상과 관계를 맺고 유지하려는 것을 '애착'이라고 하는데, 이는 영국의 정신분석학자인 J. M. 볼비가 정의한 용어입니다. 애착의 대표적인 예는 아기와 엄마 사이에서 찾아볼 수 있습니다. 아기와 엄마는 서로 사랑의 관계를 집요하게 유지하려고 애쓰는데, 특히 많은 포유류나 조류가 태어나면서부터 어미에 대한 애착을 본능적으로 갖게 됨과 동시에 낯모르는 대상에 대해서는 두려움을 느낍니다. 애착은 일종의 생존 시스템으로, 포유류나 조류가 수억 년간의 진화 과정을 통해 발전시켜 온 일련의 체계입니다.

동물행동학자 해리 할로가 새끼 원숭이를 대상으로 한 실험은 '애착'이라는 본능에 대한 아주 중요한 사실 한 가지를 알려줍니다. 그는 실험을 위해 한쪽에는 철사로 만든 딱딱하고 차가운 어미 원숭이 모형에 젖병을 매달아놓고, 다른 한쪽에는 젖병 없이 부드러운 천으로 만든 어미 원숭이 모형만 가져다놓았습니다. 새끼 원숭이는 배가 고플 때를 제외하고는 하루 종일 부드러운 천으로 만든 어미 원숭이에게 매달려 있었습니다.

이 실험은 어린 포유류의 생존 조건이 단지 배고픔을 채워주는 것만으로 충족되지 않는다는 사실을 보여줍니다. 즉 먹을 것보다 '부드러운 접촉(더 자세히 말하면 따뜻한 시선으로 바라보기, 웃어주기, 안아주기 등)'이 생존과 발육에 더 중요한 조건으로 작용한다는 뜻이지요.

왜 애착이 먹는 것보다 더 중요할까요? 그것은 애착이 제대로 진행되지 않으면 생명을 유지하기 어렵기 때문입니다. 애착은 살고 죽는 문제인 만큼 강력한 본능입니다. 궁극적으로 애착의 목적은 생존에 필요한 '안전한 상태'를 유지하는 것입니다. 아기는 배가 고프면 울어서 엄마의 젖을 물려고 하고, 불안해지면 칭얼거려서 엄마의 따뜻한 위로를 받으려 합니다. 엄마가 아기의 요구 사항을 제대로 해석하고 제때에 들어주면 아기는 곧 '안전한 상태'를 회복하고 편안해집니다. 아기는 생존을 위한 여러 가지 욕구를 갖고 태어나는데, 이 중에서 '보살핌을 받고 싶은' 본능이 애착을 활성화시키는 행동으로 나타납니다. 따라서 아기는 엄마 없이 살아갈 수가 없습니다. 아기는 살아남기 위해 반드시 엄마 옆에 있어야 하는 것이지요.

아기는 엄마의 관심과 부드럽고 따뜻한 보살핌이 없으면 제대로 생존할 수 없기 때문에 끊임없이 엄마가 필요하다는 신호를 보냅니다. 이처럼 '안전한 상태'를 유지하기 위해 아기가 엄마에게 가까이 가려는 모든 행동과 노력-엄마와의 눈맞춤, 웃음, 울음, 안아달라는 몸짓, 엄마에게 기어가는 것 등-을 '애착 행동'이라고 부릅니다.

아이가 스트레스를 받으면 안전한 항구 같은 엄마 품에서 위안을 얻기 위해 애착 행동을 보이고, 이를 눈치 챈 엄마가 안아주고 위로해 주면 아이는 엄마라는 항구에 닻을 내리고 평화를 찾습니다. 또한 마음속의 안전 기지로 엄마의 이미지를 만들어내어 엄마가 없더라도 불안한 상황을 헤쳐 나가려고 합니다. 아이가 애착 행동을 보였을 때 엄마가 이것을 잘 읽고 제대로 반응해 주면, 아이는 편안한 성격을 가진 사람으로 성장하게 됩니다. 그러나 엄마가 아이의 신호를 제대로 해석하지 못하고 귀찮아하거나, 아이의 요구를 무시하거나, 또는 엄마의 감정 기복에 따라 들어주었다, 들어주지 않았다를 반복하면 아이는 심리적으로 매우 불안해집니다.

요컨대 아이의 성격을 형성하는 데에는 엄마와의 애착 관계가 아이의 기질적 요소보다 더 중요한 역할을 합니다. 아기가 엄마를 찾고 울 때 엄마가 재빨리 알아채고 원하는 것을 바로 해결해 주면, 아기는 자기가 원할 땐 언제나 엄마가 도와주고 안심시켜 준다는 것을 배우게 됩니다. 또 '엄마는 나와 즐겁게 놀고, 내가 원하는 것을 다 알아채고 해결해 주었어. 엄마랑 있으면 마음이 놓이고 편안해. 엄마와 있을 때 즐겁고 편안했으니까, 다른 사람과 있어도 그럴 거야'라는 긍정적인 생각을 갖게 되고, 엄마가 항상 자신에게 집중하고 반응해 주었기 때문에 '나는 쓸 만한 사람, 사랑받을 가치가 있는 사람'이라는 자존감을 갖게 됩니다. 이때 아이의 마음속에는 좋은 엄마의 상이 그려지고, 이 엄마의 상은 어려움이 닥칠 때마다 극복할 수 있는 힘을 줍니다.

종교를 가진 분들은 신의 모습과 어머니의 모습을 비교해 보는 것도 좋을 것 같습니다. 성경의 〈시편〉 23편에 여호와 대신 어머니를 넣어볼까요.

"어머니는 나의 목자시니 내게 부족함이 없으리로다. 푸른 풀

밭에 누워 놀게 하시고, 잔잔한 물가로 나를 인도하시네. 내가 비록 음산한 죽음의 골짜기를 지날지라도 내 곁에 어머니 계시오니 무서울 것 없어라. 어머니의 막대기와 지팡이로 나를 인도하시니 걱정할 것이 없어라(후략)."

무릇 어머니는 아이에게 이러한 사람입니다. 또 이런 어머니 밑에서 성장한 사람은 다른 사람을 두려워하거나 귀찮아하지 않고, 다른 사람과 편안하게 지내며, 혼자 있을 때도 재미있고 편안하게 보냅니다. 그리고 자신이 결혼해서 아이를 낳으면 부모님이 자신을 키워주었던 대로 아이를 편안하게 키우게 되지요.

엄마를 두 번 잃어버린 아이 이야기

미국에 있을 때 한 중학생 소녀를 치료한 경험이 있습니다. 소녀는 똑똑하고 공부를 잘하는 모범생이었습니다. 어느 날 학교 수업중에 소녀가 갑자기 복통을 일으켰다고 합니다. 놀란 엄마가 황급히 달려와 소녀를 병원에 데려갔는데, 가는 도중에 소녀의 복통이 씻은 듯이 가셨다는 겁니다. 소녀와 엄마는 병원 대신 근처 식당으로 가서 함께 점심식사를 했습니다. 며칠 후 소녀는 다시 복통을 일으켰고, 병원에 가는 도중에 또다시 통증이 멎었습니다. 이런 일이 여러 번 반복되자 걱정이 된 부모는 정밀검사를 해봤지만 건강상의 이유를 찾을 수 없었습니다.

소녀의 아빠는 미국에서 자리를 잡은 의사였고, 소녀 밑으로는 여동생과 남동생이 있었습니다. 두 동생은 미국에서 태어나 자랐지만, 이 소녀는 돌이 될 무렵 부모가 미국으로 떠나는 바람에 만 세 살까지는 할머니와 함께 한국에서, 그 이후에는 부모와 함께 미국에서 자랐습니다. 부모님은 매우 건강하고 성격이 좋은 분들이었는데, 쾌활하고 구김살 없는 두 동생에 비해 이 소녀는 내성적이고 말수가 적고 우울해 보였습니다.

이 소녀가 복통을 일으킨 원인은 다름 아닌 외로움에 있었습니다. 소녀가 돌이 될 무렵, 엄마는 미국으로 공부하러 떠나는 아빠를 뒷바라지하기 위해 아기였던 소녀를 할머니에게 맡기고 미국으로 가버렸습니다. 아이의 입장에서 12개월은 매우 민감한 시기로, 이때 주 양육자[1]가 바뀌면 굉장히 심한 정신적 타격을 받게 됩니다. 비록 너무 어릴 때의 일이라서 제대로 기억할 수는 없다 해도, 이 엄청난 사건이 소녀의 머릿속에 무의식적으로 깊이 각인되어 있었지요. 그런데 문제는 만 세 살 무렵, 다시 할머니와 헤어져 미국에 있는 엄마를 만난 것입니다. 12개월이라는 시기, 즉 엄마와 특별한 관계를 맺는 중요한 시기에 엄마를 잃었고, 애착 대상[2]을 할머니로 옮겨 중요한 애착 관계[3]를 형성했는데 미국으로 오

---

1 아이를 주로 보살펴주는 사람. 대개는 엄마이지만 할머니나 보모가 주 양육자가 되기도 한다.
2 엄마, 아빠, 할머니, 할아버지, 이모, 고모, 삼촌 등 애착 관계를 맺는 대상.
3 애착으로 맺어진 관계.

면서 다시 엄마 같은 할머니를 잃어버린 것입니다. 다시 말해 소녀는 두 번에 걸쳐 심리적 엄마를 잃어버린 셈이지요.

미국에서 낯선 엄마(실제는 친엄마)는 소녀에게 못다 준 정을 베풀고 잘해주려 했지만 바로 여동생이 태어났습니다. 엄마는 동생을 돌보느라 이 소녀를 각별하게 돌봐주지 못했습니다. 동생이 어느 정도 커서 세 살이 되고 소녀가 일곱 살이 되었을 때, 엄마는 큰딸인 소녀에게도 사랑을 골고루 나누어줄 여유가 생겼지만, 미처 사랑을 나눠주기도 전에 또다시 남동생이 태어나고 집안의 관심은 온통 남동생에게 집중되었습니다. 12개월에 엄마를 잃고, 다시 세 살에 엄마를 잃었던 소녀는 그것을 위로받고 사랑받을 기회를 연이어 태어난 동생들 때문에 또다시 잃어버린 것입니다.

결국 이런 외로움과 부모에게 위로받고 싶은 마음이 소녀에게 복통으로 나타난 것이지요. 이 이야기를 들은 소녀의 부모는 딸에 대한 한없는 미안함으로 눈물을 흘렸습니다. 그러고는 딸을 품에 안고 진심으로 사과했습니다. 이후 부모는 딸에게 각별히 관심을 쏟았고, 특히 아빠는 항상 딸을 데리고 다녔습니다. 시간이 지나면서 복통은 사라졌고, 소녀는 예전보다 많이 밝아져서 대학을 우수한 성적으로 졸업한 뒤 변호사가 되었습니다. 하지만 소녀의 비교적 우울했던 성격은 쉽게 고쳐지지 않았습니다. 심리적 문제가 해소되었다고 해도 내성적이고 조용한 성격은 그대로 남았지요.

만약 소녀의 부모가 엄마와 떨어지는 것이 아이에게 어느 정도의 두려움을 유발시키는지 이해했다면, 돌쟁이 아이를 두고 떠나는 일은 없었겠지요. 혹시 그랬다 하더라도 3년간 키워준 할머니와 헤어질 때는 할머니를 미국으로 모셔 가서 적어도 6개월 이상 '엄마 인수인계' 기간을 가졌을 거라고 생각합니다. 엄마와 떨어질 때 아이가 느끼는 불안은 어른 말로 표현하자면 '죽음과도 같은 불안' 입니다. 12개월 된 아이에게 엄마의 부재는 곧 죽음을 의미합니다. 엄마가 없어진다는 것은 아이에게는 그 정도로 크나큰 공포이며 충격적인 사건이라 말할 수 있습니다.

낯가림을 시작하면서 아기는 낯선 사람을 구분해 내기 시작합니다. 그러다 돌 무렵이 되면 엄마를 완전히 알아보고 떨어지려 하지 않습니다. 돌 무렵의 아이를 떼어놓는 건 여간 어려운 일이 아닙니다. 생후 12개월부터 아기는 누가 나의 엄마인지 확실하게 인식하고, 서너 살까지 엄마와 세상에서 둘도 없는 끈끈하고도 강력한 애정관계를 유지합니다. 아이 입장에서는 엄마의 사랑과 보살핌에 100% 의존하면서 살아가야 하는 시기이지요.

결국 생후 첫 3년간의 엄마와의 경험이 그 사람의 성격을 결정합니다. 아이의 요구가 제때에 충족되지 못하고 불편함과 불안감, 나아가 공포를 반복적으로 경험하게 되면 편안한 성격을 가진 아이로 성장하지 못합니다. 아이에게 뚜렷하게 영향을 미치는 두려움은 다음의 6가지 정도로 정리할 수 있습니다.

첫째, 죽음에 대한 공포입니다. 자신이 사라져버릴 것 같은 두려움입니다. 모든 생명체와 마찬가지로 아이도 죽음에 대한 공포를 그 어떤 공포보다 가장 크게 느낍니다.

둘째, 엄마와 떨어지는 것에 대한 공포입니다.

셋째, 엄마의 사랑을 잃어버리는 것에 대한 공포입니다.

넷째, 물리적인 힘에 대한 공포입니다. "너 혼난다! 그러면 때릴 거야!"라고 할 때 아이들이 느끼는 두려움을 말합니다.

다섯째, 비난에 대한 공포입니다. "너는 못된 아이야! 나쁜 녀석"이라고 말할 때 아이는 두려움을 느낍니다.

마지막으로는 실제 공포 상황에서 느끼는 두려움이 있습니다.

엄마의 보살핌이 생존의 조건인 3세 이하의 아이들에게 엄마와 떨어지는 것, 엄마의 사랑을 잃어버리는 것은 죽음에 대한 두려움 다음으로 큰 공포입니다. 앞의 사례에 등장한 부모가 만약 이 사실을 미리 알았더라면 절대로 12개월짜리를 두고 떠나는 일은 없었을 테지요.

부모의 사랑 표현법, '민감하게, 행동으로, 한결같이'

요즘 많은 아이들이 집을 나갑니다. 가정 형편이 어렵고 부모의 이혼으로 가정이 파괴되어 집에 마음을 붙이지 못하는 아이들이 많기 때문이지요. 하지만 부모가 교양을 갖췄고 중산층이어서 큰 어려움 없이 살 수 있는 조건을 갖춘 아이들도 심심찮게 가출을 합니다. 학교 수업을 빼먹고, 학교에 가지 않겠다고 부모와 다툼을 벌이다가 급기야 집까지 나가는 것이 사태의 일반적인 진행

순서입니다. 아이가 학교에 가지 않겠다고 버티고 짧게라도 가출을 감행하게 되면, 부모들은 말할 수 없을 정도로 큰 실망과 분노 때문에 망연자실해 합니다. 자식에 대한 노여움과 걱정으로 밤잠을 설치게 되지요.

엄마는 고등학교 교사이고 아빠는 대학교수인 한 중학생 남자아이가 어느 날 집을 나갔습니다. 평소에도 학교에 가기 싫다는 말은 종종 했지만 부모는 사춘기의 반항쯤으로 가볍게 생각했습니다. 부모는 아이가 학교에서 무엇을 하며 시간을 보내는지 자세히 알지 못했습니다. 급기야 아이는 담배를 배우고 친구들과 어울려 수업을 빼먹는 것도 모자라 학교 바깥을 전전하다가 학생주임교사에게 징계를 받는 지경에 이르렀습니다. 당연히 부모는 아이를 호되게 나무랐겠지요.

"네가 해달라는 거 다 해주고 잘 입히고 잘 먹이고 비싼 학원에도 보내주는데, 대체 뭐가 부족해서 나쁜 아이들과 어울려 다니면서 말썽을 부리는 거니!"

부모는 아들이 그저 괘씸할 뿐이었습니다.

"학교 가기 싫다고! 그리고 언제 엄마 아빠가 내가 해달라는 걸 다 해줬어! 엄마는 나한테 공부하라는 말밖에 더 했어?"

부모가 해준 게 뭐가 있느냐는 아들의 말에 화가 머리끝까지 치민 엄마는 "그렇게 하라는 공부 안 하고 말썽만 부릴 거면 엄마 아빠가 사준 옷이랑 운동화랑 다 벗어놓고 당장 이 집에서 나가!" 하고 말했습니다. 쌀쌀한 날씨에 아이는 정말로 겉옷을 다 벗어두고, 얇은 티셔츠만 입고 슬리퍼를 신은 채로 집을 나갔습니다.

이 엄마의 문제는 아이에게 관심이 없고 둔감하다는 것이었습니다. 한 번도 제대로 아들을 쓸어주고 안아준 기억이 없는 분이었습니다. 친정어머니가 아들을 키워주셨으니 '알아서 잘 컸겠지'라고 생각한 것입니다. 그저 잘 먹이고, 입히고, 좋은 학원에 보내면 부모 할 일은 다한 것이라 생각하고 아이도 충분히 만족해 한다고 여겼던 거지요.

그리고 초등학교 때까지 얌전하던 아들이 중학생이 되면서 단순한 사춘기 열병을 앓는 거라고 대수롭지 않게 여겼습니다. 아이가 엄마를 어떻게 생각하는지, 엄마가 해주는 것에 부족함이 없는지 아들에게 단 한 번도 물어보지 않고 말이지요. 아이가 공부를 게을리 한다고 생각하면 야단을 치며 잔소리나 할 뿐, 아이가 왜 공부를 싫어하는지에 대해서는 궁금해 하지 않았습니다.

부모들은 자녀가 어떤 생각을 하며 살고 있는지 관심을 갖고 끊임없이 물어봐야 합니다. 연애를 할 때 사랑하는 사람의 감정과 행동에 민감해지는 것처럼 아이에게도 민감해져야 한다는 말입니다. 제대로 먹고는 있는지, 입고 다니는 것에는 만족하는지, 공부하라는 잔소리가 지겹지는 않은지 아이에게 질문해야 합니다. 물어보지 않고 자꾸 돌만 던지면, 겉으로는 멀쩡해 보여도 돌에 맞은 상처는 아이 마음에 고스란히 남게 되고 언젠가는 폭발하고 맙니다.

이런 부모들은 아이가 집을 나가는 극단적인 신호를 보내도 그 신호를 제대로 해석하지 못합니다. 아이의 행동은 집을 나갈 만큼 괴롭다는 의미인데, 대다수의 부모는 시종일관 해줄 거 다 해줬는데 집을 나가다니 괘씸하다고만 생각합니다. 아이는 도망갈 만큼 괴로운데 부모는 그런 아이의 마음을 몰라주는 것이지요. 그래서 문제는 해결되지 않고, 아이와 부모 사이에 감정의 골만 깊어지는 것입니다.

"미안하다. 너에게 잘한다고 했는데 결과는 너를 힘들게만 했구나. 네가 그렇게까지 괴로운 줄 정말 몰랐어. 네 마음을 몰라주고 몰아붙이기만 해서 미안하다. 그런데 엄마는 얼마나 잘못했는지를 잘 모르겠구나. 얘기를 해줄래. 엄마에게 솔직하게 말해 주고, 엄마가 너를 도와줄 수 있게 해주렴."

만일 부모가 이렇게 반응했다면 아이는 어떻게 행동했을까요? 사랑은 명사가 아니라 동사입니다. 아이에 대한 사랑도 표현하지 않으면 사랑이 아닙니다.

부모의 사랑 표현법은 민감성, 반응성, 일관성으로 나눌 수 있습니다.

먼저 민감성은 아이에게 관심이 많고, 아이가 좋아하고 싫어하는 것을 예민하게 알아차릴 수 있을 만큼 날카로운 촉수를 갖고 있어야 한다는 뜻입니다. 민감성이 바로 애착의 질을 결정합니다. 부모가 아이에게 민감할수록 부모에 대한 아이의 애착 정도는 높아지고 깊어지게 됩니다.

두 번째, 반응성은 민감하게 알아차리는 것으로 그치지 말고 행동으로 반응해 주어야 한다는 것입니다. 아이의 마음을 민감하게 읽은 부모는 아이가 편안해지도록 필요한 조치를 취해줍니다. 어떻게 행동하고 도와주는지는 부모 자신이 가진 애착 패턴[4]의 영향을 받습니다. 12개월까지는 무조건 아이가 원하는 대로 해주어야 하고, 그 이후에는 아이에게 최선의 방법을 선택하되 아이와 의논해서 처리해야 합니다. 아이가 부모의 행동과 조치를 충분히 이해하고 받아들여야 한다는 뜻이지요.

세 번째, 일관성은 민감하게 알아차리고 행동으로 반응해 주되 변함없이 꾸준히 해야 한다는 뜻입니다. 언제나 일관성을 유지하는 것은 불가능합니다. 그러나 적어도 60% 이상은 일관성을 갖도록 노력해야 합니다. 어떤 때에는 불편하냐고 물어보았다가 또 어떤 때에는 본체만체하면 아이는 부모를 믿을 수 없게 됩니다. 아이는 도움이 필요할 때 표정, 행동, 말로 불편하다는 신호를 보냅니다. 이때 부모는 아이의 신호를 알아채고 "너 화가 났구나", "엄마에게 불만이 많구나", "하고 싶은 말이 있구나" 하면서 적절한 반응을 보여주어야 합니다.

아이에게 예민하고 민감하며, 일관성 있게 반응하고 행동으로

---

[4] 양육자와의 애착 관계에서 생긴 여러 가지 애착의 형태들. 예를 들어 안정애착형, 불안정애착형(무시형, 집착형, 혼란형) 등이 있다. 이에 대해서는 바로 다음 장에서 자세히 다룰 예정이다.

표현해 주는 부모는 아이를 편안하고 행복하게 키울 수 있으며, 사춘기라 하더라도 아이와 좋은 관계를 유지할 수 있습니다. 아이는 부모가 자신을 믿어주고 지지해 줄 때 좋은 대우를 받았다고 생각하며, 이 만족감이 아이 자신의 정체성과 대인관계에 지대한 영향을 준다는 사실을 잊지 마세요.

3_ 아이의 문제는 100% 부모와의 관계에서 생긴다

아들을 정신병원에 입원시킨 아버지 이야기

호주에서 고등학교를 다니는 17세의 J군은 평소 화를 잘 내는 데다 걸핏하면 고함을 질러댔습니다. 욱하는 마음이 치밀어 오르면 주먹으로 벽을 치거나 물건을 때려 부쉈습니다. J군의 부모는 초등학교 때까지는 얌전하고 말 잘 듣던 아들이 자라면서 점점 폭력적으로 변했다고 생각했습니다. 이미 커버린 아들을 어찌할 수 없어 어머니는 포기 상태였고, 폭력적인 아들을 제압하려는 아버지와 J군의 반항으로 집안은 조용할 날이 없었습니다. 결국 J군은 아버지와 언쟁을 벌이다 분을 참지 못해 아버지에게 폭력을 휘둘렀습니다. 힘으로 아들을 당할 수 없었던 아버지는 기어코 경찰을 불러 아들을 정신병원에 입원시키고 말았습니다.

아버지는 호주로 이민 와서 갖은 고생 다하면서 아들 녀석 뒷바라지하느라 한눈 한번 팔지 않고 열심히 살았는데 아들이 왜 못되게 구는지 억울하고 속상하다고 했습니다. 아버지에게 이끌려 온 J군은 한눈에 보아도 분노에 휩싸여 있어 아버지와 대화할 의지가 전혀 보이지 않았습니다. 아버지 옆에서 입을 꾹 다물고 있는 아들에게 전후좌우 사정을 물어보았습니다.

"난 억울해요. 아버지가 나보다 더 깡패 짓을 하는데 왜 죄 없는 나를 경찰에 넘겨요? 경찰이 끌고 가야 할 사람은 내가 아니라 아버지예요. 아버지는 집에서 식구들을 협박하고 나를 때리는 짓을 밥 먹듯 해요. 그런 아버지가 나를 잡아 가두다니, 도저히 용서할 수 없어요."

J군이 중학생이었을 때 수학 지도를 해주던 아버지가 어느 날 당신이 내준 숙제를 해놓지 않고 TV를 보는 아들을 보고는 너무 화가 나서, J군을 바닥에 패대기치고 목을 조른 일이 있다고 합니다. 그래도 분이 풀리지 않은 아버지는 어머니에게 "저 자식 죽여 버릴 거야! 당장 칼 가져와!"라고 소리를 질렀답니다. 아이는 너무 무서웠고 공포와 분노로 죽고 싶은 심정이었다고 했습니다.

평소에도 엄한 아버지가 무섭고 싫었던 J군은 이때부터 아버지에 대한 원한과 분노와 복수심을 키워왔습니다. 어려서는 힘이 약해 대들지 못했지만 고등학생이 되고 몸집이 아버지보다 커지자, 또다시 때리면서 자신을 통제하려는 아버지를 역으로 때리게 된 것이지요. J군에게 아버지는 칼을 들고 자기를 죽이려고 덤비던 존재였습니다. 아버지가 자신을 힘과 권위로 누르려 할 때마다 J군은 물건을 부수고 벽에 머리를 부딪치는 등 격렬한 거부감을 드러낸 것입니다.

그런데 놀라운 사실은 정작 아버지는 아들에게 극도의 원한을 품게 만든 몇 년 전의 사건을 기억하지 못한다는 점이었습니다. 그 사건에 대해 묻자 J군의 아버지는 한참을 생각하더니 겨우 기억해 내기는 했지만, 자기 성격이 원래 불같아서 그랬다고 대수롭지 않게 여겼습니다.

J군의 아버지는 경상도의 전형적인 가부장적 분위기에서 어린 시절을 보냈는데, 자신의 아버지 역시 성격이 급하고 엄했다고 했습니다. J군의 아버지는 자신의 아버지에게 하루도 매를 맞지 않은 날이 없을 정도로 구박을 받고 자랐습니다. 문제가 생길 때마다 체벌을 당하며 자랐기 때문에 아들에게 매를 든 것도 부모로서 당연한 행동이라고 여겼던 겁니다. 자기 아들이 그토록 깊은 상처를 받고 깊은 원한을 가지고 있다는 사실을 전혀 눈치채지 못한 것은 어쩌면 당연한 일인지도 모릅니다.

"사실 아버지가 때릴 때마다 너무 힘들었지만 우리 때만 해도 다 그렇게 컸어요. 그래서 아이를 가르치기 위해 때리고 윽박지르는 건 괜찮을 거라고 대수롭지 않게 여겼습니다. 이민 와서 힘들게 정착했고, 제 아들도 반드시 성공시켜야 한다는 강박관념 때문에 아이를 공부 쪽으로만 몰아갔는데, 그 때문에 아이가 깊은 상처를 받았다니 어찌해야 할지를 모르겠군요."

부모의 양육 패턴은 자식을 통해 대물림된다

내가 아이를 키우는 방식은 대부분 내 부모가 나를 키운 방식을 답습합니다. 만약 내가 아이와 편안한 대화를 나눌 수 있는 좋은 사이라면, 나도 내 부모와 사이가 좋고 편안할 것입니다. 그러나 내 부모가 나를 힘들게 했다면, 나 또한 아이를 힘들게 하고 있을 확률이 높습니다.

부모의 자녀 양육 패턴이 그 자식에게 대물림된다는 실증적 연구가 1985년 미국 버클리 대학에서 메리 메인이라는 애착 연구가에 의해 이루어졌습니다. 그녀는 성인들을 대상으로 부모와의 관계가 어떠했는지 심층 인터뷰를 통해 광범위하게 파악했고, 그 결과 부모와 어떤 관계를 맺었는지가 현재 자기 자녀에 대한 양육 태도에 지대한 영향을 준다는 사실을 증명해 냈습니다.

아이는 어린 시절(특히 만 3세 이전) 부모와 상호작용한 경험을 기억으로 저장하고 이를 바탕으로 애착 패턴을 형성하게 되는데, 12개월 무렵부터 시작된 애착 패턴은 만 3세 전후로 고정됩니다. 그리고 고정된 애착 패턴은 다른 사람을 대할 때마다 작동되어 그대로 행동으로 나타나게 됩니다. 연구에 의하면 80~90%의 사람들이 고정된 애착 패턴을 가지고 평생을 살아간다고 합니다. 마찬가지로 내 부모의 애착 패턴도 나의 할아버지 할머니에게 물려받은 것이겠지요.

운이 좋아서 편안한 성격의 부모 밑에서 자랐다면 나 또한 자녀를 그렇게 키울 것입니다. 하지만 그렇지 않은 부모 밑에서 성장한 경우라면 성격적으로 힘들고 불편한 점을 자녀에게 물려주지 않기 위해 뼈를 깎는 노력을 해야 합니다.

만약 소리 지르고 야단치는 아버지 때문에 힘들게 커서 내 자식만큼은 그렇게 키우지 않겠다고 결심했다면, 아버지가 나를 키운 방식을 세심하게 살피고 연구해서 아이를 대할 때 어떤 문제가 생길 것인지 미리 성찰해야 합니다. 단점이라고 생각했던 것들이 재발되지 않도록 항상 깨어 있어야 하고, 의식적으로 주의를 기울이고 노력해야 한다는 말입니다.

조심하고 노력한다면 내 아이를 내가 자라온 것과는 다른 방식으로 키울 수 있습니다. 그러나 곰곰 생각해서 조심하지 않으면 내가 성장해 온 방법을 그대로 답습하게 됩니다. 내가 과잉보호를 받았다면 내 아이를 과잉보호할 가능성이 80%이고, 부모가 나를 소리 지르고 때리면서 키웠다면 내 아이를 소리 지르면서 키울 가능성이 80%라는 것입니다.

6개월 된 여자 아기가 있었습니다. 이 아기는 자기 주변에 거의 관심을 보이지 않았습니다. 너무 조용해서 거의 웃지도 않고, 아무 의욕도 보이지 않았습니다. 엄마가 옆에 있어도 눈을 맞추지 않고 자연스러운 옹알이도 하지 않았지요.

애착 연구자들이 이 아기와 엄마 사이에 어떤 일이 일어나는지 순간순간을 녹화했습니다. 아이는 자지러지게 울 때도, 깜짝 놀랐을 때도 엄마에게 안기면서 의지하려 하지 않았습니다. 엄마 역시 아기에게 무관심하고 자기 고민에 빠져서 아이를 달래거나 편안하게 해주려고 노력하지 않았고, 간혹 시도했다가도 금세 그만두곤 했습니다. 심지어 아기가 5분이나 악을 쓰며 운 적도 있는데, 엄마는 그저 허공만 쳐다볼 뿐이었습니다.

이 아기의 엄마에게는 심각한 우울증을 앓았던 어머니가 있었습니다. 아기 엄마는 거의 방치된 채로 가족의 관심을 받지 못하고 자랐습니다. 그리고 이제 자신의 아이를 자신이 자란 것처럼 그렇게 방치하고 있었습니다.

극단적인 사례라고 생각될지 모르지만 정도의 차이가 있을 뿐, 이는 수많은 임상 사례에서 볼 수 있는 패턴입니다. 어려서 학대받은 부모는 다시 자기 아이를 학대하고, 변덕스러운 부모 밑에서 자란 사람은 자기 아이에게 변덕스럽게 구는 경향이 있습니다.

나의 심리적 문제는 부모에게서 온 것

현재의 나는 과거부터 축적된 경험을 통해 형성된 것입니다. 우리는 부모가 되면 어린 시절 부모와의 관계에서 비롯된 경험들을 현재로 가져와 의식적 또는 무의식적으로 참조하여 자녀를 키우게 됩니다. 아이를 대할 때 화가 치밀어 오르거나 불안해지고 충동적으로 매를 들고 싶은 마음이 생기며, 아이가 자신에게 도전하는 듯해 괘씸한 생각이 들면, 이때는 자기 과거의 해결되지 않은 나쁜 경험이 심리적으로 활성화되는 것으로 보아야 합니다.

어릴 때의 경험을 탐색하고 성찰해서 부모와의 관계가 현재 나의 성격을 형성하는 데 어떤 영향을 주었는지 이해하지 못한다면, 나도 모르는 사이에 부모에게 느끼고 있던 원한과 분노를 내 아이에게 쏟아내게 되는 것입니다. 아이 때문에 생겼다고 확신하는 분노가 사실은 자신이 갖고 있던 문제, 내 부모와의 사이에서 해결되지 않은 마음의 문제에서 비롯된 것인데도 마치 그것이 내 아이 때문에 생긴 것처럼 모든 책임을 자녀에게 돌리게 됩니다.

평소 아이들을 민주적이고 개방적이며 자유롭게 키우려고 노력하는 부부가 열한 살짜리 딸아이로부터 쪽지 편지를 받고는 당황한 적이 있습니다.

"아빠, 아빠는 너무 어린애 같고 제멋대로야. 나하고 의논하는 척하면서 결국은 아빠 마음대로 해. 그리고 아빠는 너무 눈치가 없어. 엄마 아빠는 부모로서 나에게 심리적 안정을 제공해 줄 의무가 있어."

아빠는 이 쪽지를 엄마와 같이 읽었습니다. 그런데 엄마는 내심 '열한 살짜리가 감히 이런 되바라지고 건방진 편지를 부모에게 쓰다니 괘씸하잖아. 이 녀석의 기를 꺾어놓아야겠어' 하는 생각이 들면서 분노가 치밀어 올랐습니다. 평소 자유분방한 딸아이를 어디까지 받아주어야 할지 고민하던 엄마는 이 쪽지를 보고 더 이상 그대로 두어서는 안 되겠다고 생각했던 거지요.

저는 그 아이의 엄마에게 아이가 왜 그런 쪽지를 적었는지 해석하려 하지 않고, 왜 화부터 났을까 곰곰 생각해 보라고 했습니다. 아이는 단순히 부모에게 자신이 어떤 불만을 가지고 있는지 신호를 보낸 것뿐인데, 엄마는 그 신호에 격한 분노가 폭발한 것이었지요. 그러나 이 분노는 아이에게서 온 것이 아니라 엄마 자신의 과거에서 온 것이었습니다.

이 엄마의 마음을 거스른 것은 '부모로서 심리적 안정을 제공해 줄 의무'가 있다는 구절이었습니다. 장녀로 태어난 아이 엄마는 직업이 불안정하고 사이가 좋지 않은 부모 밑에서 힘들고 고달픈 어린 시절을 보냈습니다. 자신의 부모에게 '심리적 안정'을 느껴본 경험이 거의 없고 보살핌을 받기는커녕 부모, 되레 자신의 어머니를 돌봐줘야 했습니다. 또 중고등학생 시절부터 부모에게 학비 부담을 주지 않기 위해 장학금을 받으려고 열심히 공부했고, 대학에 입학하면서부터는 경제적으로 독립해 스스로의 힘으로 생활해 온 사람이었지요. 그에 비해 자신의 딸은 엄마 아빠에게 모든 지원과 지지를 받고 있는데도 거기에 만족하지 못하고 불만을 갖는다는 사실에 괘씸한 생각이 들었던 것입니다.

엄마는 자신의 마음속에 심리적 안정을 제공해 주지 못했던 자기 부모에 대한 원망과, 자신이 가지지 못한 것을 맘껏 누리고 있는 딸을 무의식적으로 시기하고 있었음을 알게 되었습니다.

아이를 키우는 부모들은 자기 부모와의 경험을 기억해 내면서 특히 속상했던 일, 즉 감정적인 고통을 수반하는 경험에 대해 자세하게 탐색하고 깊이 생각해 보아야 합니다. 그렇지 않을 경우, 자녀를 키우면서 그러한 상황이 수시로 되풀이될 수 있고, 나도 모르게 내 아이에게도 내가 겪은 불쾌한 기억을 만들어줄 수 있기 때문입니다.

내 부모를 알아야 아이를 제대로 키울 수 있다

내 부모를 알아본다는 것은 부모의 개인사에 대한 탐색과 이해가 아니라, 부모님의 성격이 어떠했고, 나와 부모님 사이에 무슨 일이 있었는지를 생각해 본다는 것을 뜻합니다. 즉 부모와 함께 한 경험을 구체적으로 떠올리면서 현재 자신에게 어떠한 기억으로 남아 있는지를 살펴보는 것입니다. 내 부모와 겪었던 과거의 경험이 현재의 나에게 어떤 영향을 주고 있는지를 알아내는 것을, 내 아이를 제대로 키우기 위한 출발점으로 삼아야 합니다.

　이 작업은 생각보다 그리 쉽지 않습니다. 약 2시간 동안 부모와 자신의 과거를 설명해 봅니다. 혼자 해도 좋고, 배우자를 앞에 두고 설명해 보는 것도 괜찮습니다. 우선은 '아버지가 나를 어떻게 길렀는가? 아버지가 나를 키운 방식에 대해서 나는 만족하는가? 아버지에 대한 나의 현재 감정은 어떻고, 관계는 좋은 편인가?'를 생각해 봅니다.

이를 위해서 아버지와 구체적으로 무슨 일이 있었는지, 기억할 수 있는 가장 어릴 때의 사건부터 회상해 보는 것이 좋습니다. 아버지와 재미있게 놀았던 경험, 아버지가 든든하다고 생각되었을 때, 아버지가 싫고 무서웠던 때 등으로 세분화해 봅니다. 어머니와의 기억도 같은 방법으로 탐색해 봅니다. 아버지와 어머니 중 자신과 사이가 좋았던 분은 누구이고, 왜 그랬는지도 생각합니다.

다음으로 아버지 어머니와의 경험이 현재 나의 성격에 어떤 영향을 주었는지를 설명해 봅니다. 그리고 나의 성격 발달에 나쁜 영향을 끼친 부모님과의 경험은 무엇인지 떠올려봅니다. 이러한 어린 시절의 경험을 통해 배운 것이 있다면 무엇인지, 그 경험들 중에서 지금 나의 아이에게 물려주고 싶은 것과 물려주고 싶지 않은 것은 무엇인지를 정리해 봅니다. 마지막으로 나를 통해서 내 아이가 어떤 사람으로 자라기를 바라는지 생각해 보거나, 배우자와 의논해 봅니다(나와 부모의 관계를 탐색하는 자세한 방법은 〈부록 1〉을 참고하세요).

나의 과거를 탐색할 때 의미 있는 경험은 생후 첫 3년, 초등학교 입학 전후(만 6~7세), 그리고 만 12~13세까지의 것입니다. 이 시기에 부모 또는 부모를 대신했던 주 양육자의 관계를 성찰해 보아야 합니다.

만 5세 이전의 기억은 거의 남아 있지 않습니다. 5세 전의 경험이라도 한 장의 사진처럼 기억하는 경우가 있을 수 있지만, 대인관계에 영향을 미치는 의미 있는 기억을 하려면 최소한 다섯 살은 되어야 합니다. 하지만 대부분의 사람들이 기억해 낼 수 있는 가장 어린 시절은 초등학교 때입니다. 즉 생후 6년까지의 기억은 생각이 나지 않는 것이 보통입니다.

기억을 떠올려보았을 때 부모와 씨름을 하거나 신나게 몸으로 놀아본 경험이 없다면, 그리고 부모에게 응석이나 어리광을 맘껏 부려본 기억이 없다면, 당연히 내 아이를 키울 때도 아이와 뒹굴고 씨름하면서 몸으로 놀아주지 못할 가능성이 높습니다. 내 아이와 장난치고 싶은 마음이 잘 생기지 않고 아이들을 어디로 데리고 가서 재미있게 놀아야 할지 제대로 알지 못한다는 사실을 성찰해 낼 수 있을 것입니다.

기억이 나지 않는 5세 이전의 경험에 대해서는 현재 자신이 다른 사람과 있을 때 어떻게 느끼고 어떻게 행동하는지를 살펴보면서 유추해 낼 수 있습니다. 평소에 다른 사람을 보면 기대감이 생기고 반가운 마음이 먼저 드는 타입인가? 혹은 다른 사람이 나를 힘들게 할 것 같고 귀찮은가? 다른 사람에게 말을 걸고 가까이 다가가고 싶어도 어떻게 해야 할지 몰라서 나서지 못하는가? 등의 질문을 통해 유추해 볼 수 있습니다.

다른 사람이 힘들고 귀찮아서 혼자 있는 게 왠지 편한 사람들은 부모와의 관계가 좀 무미건조하고 부모에게 거부나 무시를 당하면서 컸을 확률이 높습니다. 외로움을 많이 느끼고 사람을 그리워하지만 쉽게 다가가지 못하고 주변을 맴도는 타입이라면, 어려서 부모가 충분히 정서적으로 위로해 주지 못했을 가능성이 큽니다. 비록 훌륭한 부모일지라도 너무 엄해서 가까이하기가 두려웠다든지, 부모님의 기대를 충족시키기 위해 노심초사하면서 불안해했을 가능성이 높습니다.

어린 시절의 기억을 끄집어내는 것은 혼자서 정리하는 작업이기는 해도 매우 힘든 과정입니다. 하지만 기억이 구체적일수록, 그리고 그에 대한 자신의 생각이 조리 있고 명료하고 일관성이 있을수록 건강한 자녀 양육이 가능하므로, 여러 차례에 걸쳐 시도하고 정리해 보는 것이 좋습니다.

전문가의 도움을 받지 않더라도 위와 같은 항목에 대해 개인 역사를 탐색해 보는 과정을 통해 어린 시절 부모와의 경험에서 속상하고 힘들었던 구체적인 기억이 되살아나고, 그것을 자신의 아이가 다시 경험하지 않도록 하기 위해 어떻게 해야 하는지도 정리해 볼 수 있습니다. 예를 들어 아버지가 내 말을 어리다고 무시하고, 대꾸할 경우 대든다고 화를 내셨고, 그래서 속상하고 무섭고 분했다면, 내 아이가 자기 생각을 말할 때 나 역시 아이가 대든다고 생각할 수 있습니다. 이런 경우에는 우선 마음을 가라앉히고 아이의 말을 경청하고 인정해 주도록 노력하겠다는 행동 전략이 나올 수 있어야 합니다.

부모와의 어린 시절을 떠올려보았을 때 아버지 어머니가 나를 무시하고, 칭찬하기보다는 야단을 많이 치면서 키웠다는 생각이 들거나, 아니면 부모가 너무 바빠서 무관심했다는 생각이 들면 부모의 성격이 냉정하고 쌀쌀맞았다고 가정해 봅니다. 그렇다면 지금 내가 다른 사람과 같이 있는 것이 귀찮고 불편하고 힘들지는 않은지 생각해 봐야 합니다.

내 부모에게 무시당하고 컸다 하더라도 지금 아이를 키우는 일이 신나고 즐겁다면 문제가 되지 않습니다. 그러나 현재 아이들을 키우는 데 힘이 많이 들고 짜증스럽고 피곤해서 혼자 있고 싶은 생각이 든다면 부모가 나를 무시하고 나의 신호에 제대로 반응해 주지 않았을 가능성이 큽니다.

혼자 있는 것이 편하고 아이들과 뭘 해야 할지 난감해지더라도 의식적으로 아이들과 같이 할 수 있는 일을 생각하고 계획을 세우면서 아이들과 함께 시간을 보내도록 노력하지 않으면, 아이들 역시 자신처럼 대인관계를 힘들어하는 사람으로 자라게 됩니다. 아이들이 무슨 음식을 좋아하는지, 어떤 놀이를 좋아하는지, 친구관계는 어떠한지, 아이들의 주변 환경에 관심을 갖고 아이와 대화할 만한 주제를 찾아야 합니다. 그리고 '대화하는 시간을 정해서 실천한다' 등의 행동 지침을 세우고 실행 여부를 자주 점검하는 노력도 필요합니다.

부모에게 물려받은 단점은 한번에 고치기 어렵기 때문에 의식적으로 노력하고 또 노력해야 합니다. 작심한 지 3일 만에 의지가 꺾였다면 사흘 간격으로 작심삼일 하기를 반복해 보세요. 자꾸 하다보면 고쳐집니다. 그 후에는 아이들과 자연스럽게 대화할 수 있고, 아이들과 보다 재미있는 시간을 보낼 수 있게 될 것입니다.

심리학자들의 연구에 따르면, 배운 것을 72시간(3일) 안에 복습하면 약 60~70% 정도를 기억하고, 복습하지 않으면 10%도 기억하지 못한다고 합니다. "배우고 때때로 익히면 이 또한 즐겁지 아니한가." 『논어』편에 실린 공자의 말씀을 다시 한 번 되새겨보기 바랍니다.

| 2장 |

나는
어떤 부모인가?

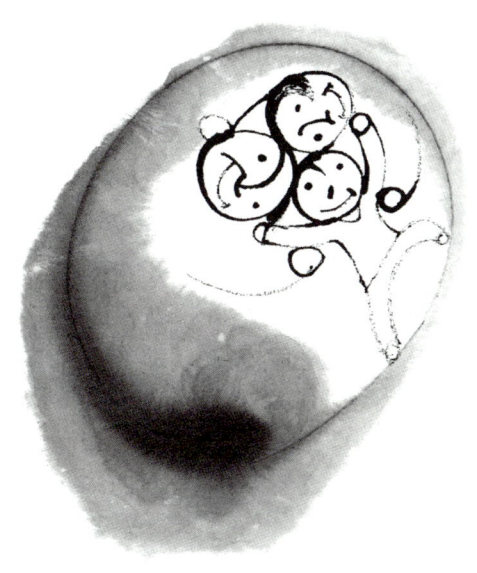

1_ 편안하고 성격이 좋은 사람
—안정애착

안정애착과 불안정애착

자녀를 편안한 성격을 가진 아이로 키우려면 우선 부모의 마음이 안정되어 있어야 합니다. 애착 이론에서는 이것을 '안정애착'이라고 합니다. 안정애착은 크게 두 가지로 나눌 수 있는데, 하나는 내 부모가 나 자신을 힘들게 하고 속상하게 한 적이 많았지만 스스로 성격의 단점을 고치려고 부단히 노력하고, 부모가 왜 그렇게 키웠는지를 헤아리면서 마음을 다스린 경우입니다. 이것을 노력해서 얻은 안정형, 즉 '획득한 안정형'이라고 합니다.

다른 하나는 좋은 부모 밑에서 편안하게 커서 처음부터 쉽게 안정형의 마음 패턴을 형성한 사람들입니다. 매우 운이 좋은 경우이지요. 어떤 부모를 만나는가 하는 것은 나의 책임이 아니라 전적으로 운에 달린 일이니까요.

좋은 부모를 만나 자연스럽게 형성된 것이든, 스스로 노력해서 획득한 것이든, 이러한 안정형은 전체 성인의 3분의 2를 차지합니다. 이들은 아이들의 마음을 헤아릴 줄 알고, 대체로 자신의 아이들도 안정형으로 키웁니다.

반면 나머지 3분의 1의 성인들은 부모와의 관계에서 형성된 불안정한 마음 패턴, 즉 불안정애착에 기반을 둔 마음 패턴을 갖고 있습니다. 이들은 대개 아이들의 마음을 잘 헤아리지 못하거나, 아이는 낳으면 저절로 큰다는 잘못된 생각을 갖고 있습니다. 아이가 뭔가 요구할 때 좋게 반응하는 것이 겨우 "네가 알아서 해" 정도입니다. 기분이 나쁠 때는 "왜 이렇게 해달라는 게 많고, 귀찮게 굴어!"라고 짜증내는 사람들이기도 하지요.

도움이 필요하거나 몸이 아플 때 아이들은 본능적으로 주변에 도움을 요청합니다. 이때 부모는 아이가 보내는 신호를 재빨리 알아채고 아이에게 물어본 뒤, 문제에 대해 의논하고 이를 해결해 주어야 합니다. 그런데 불안정한 마음 패턴을 가진 부모들은 아이가 계속 신호를 보내도 "무슨 말인지 모르겠다", "관심 없다", "귀찮고 짜증스럽다"라고 반응합니다. 심지어는 아예 아무 반응을 보이지 않기도 합니다. 아이는 부모의 반응이 냉담할뿐더러 오더라도 부정적인 반응이 오기 때문에, 아예 신호를 보내지 않게 되고 점점 더 부모의 눈치를 보게 됩니다.

이런 부모는 기분이 좋으면 자기 얘기만 하고, 기분이 좋지 않으면 아예 얘기조차 하지 않으려 합니다. 아이들은 중학교에만 가도 자기만의 세계가 생기고, 웬만한 것들은 스스로 할 수 있기 때문에 이때부터는 부모에게 작은 요구조차 하지 않게 됩니다. 즉 아이들로부터 아무런 신호가 오지 않게 되는 것입니다. 자연히 부모 자녀 간의 대화는 사라지고, 아이는 점점 더 부모와 같이 있는 것을 싫어하게 되겠지요.

자신이 불안정애착에 해당한다면 평소 아이들을 어떻게 대하고 있는지 더 많이 생각하고 미리 계획도 세워두어야 합니다. 아이들에게 민감해지기 위해 노력하지 않고 무심히 키우다보면, 내 부모가 나를 불안정애착으로 키운 것처럼 나 역시 아이를 그렇게 키우게 됩니다. 대물림은 끊어지지 않고 세대를 건너 이어지게 마련이니까요.

불안정애착 패턴이 의미하는 바는 기본적으로 자신의 부모와 친하지 않다는 것입니다. 아이가 어릴 때부터 지금까지 부모와 함께 있으면 불편해 하고 별로 행복해 하지 않는다면, 불안정애착 패턴을 갖고 있을 확률이 높다고 봐야 합니다.

이는 부모가 "배고프니? 밥 줄까?", "속상하니? 누가 때린 거야?" 하는 방식으로 자신을 보살펴주고 관심을 기울여주지 않았기 때문에 빚어진 결과입니다. 12개월이 채 되지 않은 아이가 말을 못 해서 울거나 열이 나는 등 자신이 원하는 것을 몸으로 표현하는데, 이때 부모가 무조건 받아주고 요구를 충족시켜 주지 않았기 때문입니다. 18개월가량 되어서 아이가 언어로 자신의 생각을 표현할 때도 귀 기울여 듣고 친절하게 반응해 주지 않았을 것입니다.

아이는 어른처럼 세련되게 언어를 구사하지 못하고, 감정적인 판단과 행동을 하기 때문에 "엄마 미워, 아빠 미워"라는 식으로 표현합니다. 엄마 아빠가 물어볼 때 아이가 편하게 대답하고 자신의 요구를 스스럼없이 말한다는 것은 엄마 아빠가 그만큼 편하다는 증거이고 기본적으로 사이가 좋음을 의미합니다. 정상적인 부모 자녀 관계라면 내가 필요한 것을 언제든지 부모에게 편하게 요구할 수 있어야 합니다. 그런데 부모가 "네가 맞을 짓을 했구나!", "자기가 알아서 크는 거지. 뭘 일일이 챙겨?" 하는 식으로 반응했다면 이들 역시 자신의 부모에게 공감과 이해를 받지 못해 상처를 받고 불쾌감만 얻었기 때문입니다. 안타깝게도 그들의 부모는 '동냥은 못 줄망정 쪽박까지 깨는' 부모였던 것이지요.

현재까지 연구와 임상을 통해 정리된 내용에 따르면, 성인들의 불안정애착 패턴은 크게 무시형, 집착형, 혼란형[5]의 3가지로 분류됩니다.

혼자 있어도, 같이 있어도 마음이 편안한 사람

대개 성인의 3분의 2에 해당하는 안정애착형은 자신도 존중하고 다른 사람도 자신과 같이 존중할 줄 아는 사람들입니다. 이 부류의 부모들은 자녀의 마음도 헤아릴 줄 알고 적절하게 반응해 줄 수 있는 소양도 지녔습니다.

앞서 설명한 바와 같이 안정애착형 중에는 자신과 같은 유형의 좋은 부모를 만나 지지와 관심 속에서 성장한 사람들과, 부모와는 어렵고 힘든 어린 시절을 보냈지만 자신의 노력으로 안정애착을 획득한 사람들이 있습니다. 전자의 경우는 운이 좋은 사람들이고, 후자의 경우는 부모 운은 없지만 각고의 노력과 뛰어난 성찰력으로 자신의 성격을 안정형으로 탈바꿈시킨 사람들입니다.

어떤 방식으로 안정애착을 형성했는지와 상관없이 이들은 감정 조절을 잘하며, 타인에 대한 깊은 배려와 이해심을 가지고 있습니다. 자기에 대한 긍정과 타인에 대한 긍정이 모두 잘 조화되

---

5 혼란형 불안정애착은 이 책에서는 자세히 다루지 않겠다. 이 유형은 가장 힘들게 성장한 경우에 해당하는데, 대다수가 어려서 학대를 받았거나 부모가 알코올중독일 가능성이 높다. 어렵고 힘들 때 아이를 위로하고 안정시켜야 할 부모가 가학적인 행동으로 아이를 두려움과 공포에 빠뜨리면 아이는 혼란을 느낀다. 위로의 주체가 되어야 할 부모가 오히려 공포의 대상이 되는 것이다. 이런 경우 아이는 매우 혼란스럽고 복잡한 생각과 감정을 가지고 자라날 가능성이 높다. 따라서 이 유형은 전문적인 치료를 받는 것이 좋다. 대인관계 속에서 언제라도 혼란스러운 감정에 휘말릴 수 있고, 자신의 아이 또한 자신처럼 복잡하고 혼란스러운 감정과 생각을 가진 아이로 키울 가능성이 높기 때문이다. 혼란형에는 정도 차이에 따라 양성과 악성이 있는데, 악성은 부모에게 학대를 당한 경우로, 성적·물리적 폭력, 감정 폭력을 상습적으로 당하면서 자란 이들에 해당한다.
다음은 학대하지는 않더라도 혼란형을 만드는 부모의 행동이다.
- 아이가 힘들어하는데 위로하고 해결해 주지 않는다. 아이는 우는데 오히려 엄마는 웃는다.
- 아무런 이유나 진실성 없이 호들갑스럽게 아이를 대한다.
- 적절하고 합리적인 한계 설정을 전혀 하지 못한다.
- 아이를 가까이 오라고 해놓고, 막상 오면 도망가버리는 황당한 장난을 친다.
불안정애착 패턴 중에서 혼란형은 경제 수준에 따라 중산층의 경우에는 10%, 빈곤층의 경우에는 25% 정도를 차지하는 것으로 보고되고 있다.

어 있기 때문에 혼자 있을 때도 편안하고, 다른 사람과 같이 있어도 불편해 하지 않으면서 편안한 관계를 유지합니다.

후천적으로 획득한 안정형을 논외로 한다면, 안정형의 부모 역시 안정애착형일 가능성이 높습니다. 부모가 아이에게 관심이 많았고, 아이의 요구에 민감하게 반응해 주었다는 것을 의미하는 것이지요. 또한 호통을 치거나 무시하지 않고, 자녀의 생각과 느낌에 관심을 기울여준 부모였을 것입니다.

이들은 부모와의 경험을 구체적으로 기억해 내고, 자기 부모에 대해 부정적인 감정보다는 긍정적인 감정을 갖고 있습니다. 설사 경제적으로 어려운 어린 시절을 보냈다 하더라도 부모와의 경험을 비교적 편안하고 객관적인 관점에서 담담하게 풀어서 설명할 줄 압니다.

안정애착형은 다른 사람과 시시비비를 많이 가리지 않습니다. 다른 사람도 나와 같은 생각과 느낌을 가진 존재라는 것을 인정하기 때문에, 문제가 생기더라도 대화와 타협을 통해 순리대로 풀어가지요. 다른 사람과의 시비에 말려들어서 미주알고주알 하면서 스스로를 힘들게 하지도 않습니다. 또한 다른 사람에게 편안하게 도움을 요청할 수 있고, 자신도 다른 사람의 도움에 편안하게 응하고 도와주려고 노력합니다.

또한 이들은 자기 감정에 솔직하고, 다른 사람과도 솔직하게 대화하는 것이 가장 좋은 방법임을 잘 알고 있습니다. 어려운 일이 닥쳐서 불안감을 느끼거나 우울해질 수는 있지만, 자기 회복 능력을 지니고 있어 극심한 인격 장애로까지 치닫지 않습니다.

또한 실패하거나 가까운 사람을 잃거나 배신 등의 아픈 경험을 하게 되더라도, 자신의 감정에 매몰되지 않고 상황을 객관적으로 판단하여 자책이나 자기 분열, 지나친 합리화 등의 왜곡된 방어 기제를 사용하지 않습니다. 직면한 위기에 건강하게 대처할 만한 심리적 자원이 그들 마음속에 내재되어 있기 때문이지요.

나에게도, 다른 사람에게도 긍정적인 태도를 가진 사람

안정애착형이라도 개개인을 놓고 봤을 때는, 심리적 안정을 유지할 때와 불안하고 혼란스러워질 때가 있겠지요. 대체로 60%는 평온하고 안정된 상태를 유지하지만, 30%는 불안한 심리 상태에 빠질 수 있습니다. 또 나머지 10% 정도는 매우 심각한 혼란 상황에 놓이기도 합니다.

이러한 유형의 사람들은 대체로 평온한 상태로 살아가되, 40%는 불안하거나 혼란스러울 수 있다는 말인데, 설사 그러한 상황에 빠지더라도 건강하게 헤쳐 나갈 수 있는 힘을 갖고 있다고 볼 수 있습니다. "성숙이란 불안을 감내하는 능력"이라는 잠언의 의미가 새로워지는 대목이라 할 수 있겠지요.

안정애착형은 자신과 다른 사람에 대해서 안전하고 안정된 애착을 느끼는 사람으로, 다른 사람과 친밀한 관계를 즐기지만 혼자 있을 때도 불안감을 느끼지 않고 잘 지냅니다. 또한 자신과 환경(다른 사람이나 다른 세상)에 대해 낙관적이고 긍정적인 생각을 가지고 있습니다. 대인관계를 소중히 여기고 중시하면서도 자신의 자율성을 유지한 채 건강한 관계를 만들어나갈 수 있으며, 다른 사람을 대할 때 한결같이 사려 깊은 태도를 보여줍니다.

이들은 부모가 되더라도 아이에게 '충분히 좋은 부모'가 될 수 있습니다. '충분히 좋은 부모'란 아이를 고유한 생각과 느낌을 가진 독립된 인격체로 존중해 주고, 그들의 생각과 느낌에 공감해 주며, 아이가 부모를 필요로 하는 상황을 민감하게 파악하여 즉각적이고도 적절하게 반응하는 부모입니다. 또한 아이와 관계가 틀어졌을 때는 무시와 강압이 아닌 타협과 설득을 통해서 관계를 회복시키는 능력을 지닌 부모라고 말할 수 있습니다.

안정애착을 만드는 양육 형태

부모가 나를 이해하고 공감해 준다는 느낌은 자녀와 부모를 보이지 않는 실로 탄탄하게 묶어줍니다. 부모는 아이에게 세상에서 가장 중요한 '다른 사람'이며, 아이는 부모와 연결되어 있다는 느낌으로 사는 존재입니다. 아이는 언제나 부모와 연결되기를 원하며, 부모가 나를 이해하고 공감해 주기를 바랍니다. 그런데 부모에게 이해받지 못하고 거절당하는 경험은 아이들을 매우 혼란스럽게 만들며, 그러한 경험이 반복될 경우 불안정애착 패턴을 형성하게 됩니다.

일상생활에서 부모는 자주 아이들이 아닌 부모 자신의 입장에서 아이들에게 반응합니다. 자신의 입장을 버리고 아이들 입장에서 느낌과 생각을 이해하고 공감하며 반응하지 못한다면, 아이들과 진정으로 연결되어 있다는 느낌을 가질 수 없습니다. 마음 편한 아이로 키우는 부모들의 공통점은 아이들의 생각이 어른인 자신들의 관점과 다르더라도 존중해 준다는 것입니다.

세발자전거를 타던 아이가 넘어졌습니다. 아이는 많이 다친 줄 알고 큰 소리로 우는데, 부모가 보기에는 아이가 다친 게 아니라 그저 놀란 것이었지요.

"걱정 마, 다치지 않았어. 울지 마, 뚝! 넌 다 컸잖아. 다치지도 않았는데 울면 안 되지." 부모는 아이를 안심시킨다고 이렇게 대응합니다. 아이는 멋지게 세발자전거를 타다가 보기 좋게 넘어져서 자존심도 몸도 상처를 받았는데, 부모는 아이에게 신경 쓸 일 아니라며 대수롭지 않게 말하는 것입니다.

상처 받은 아이의 마음을 고려한다면, "걸려서 잔디에 넘어졌구나! 많이 놀랐겠다. 어디 다친 데는 없니?"라고 반응해 주어야 합니다. 그러면 아이는 자신의 다친 마음을 부모가 이해해 준다는 사실을 알고 강한 연대감을 느끼게 될 것입니다.

안정형 부모는 아이를 적극적으로 수용하고, 아이가 보내는 신호에 민감하게 반응합니다. 또한 아이가 신호를 보내면 즉각적으로 적절하게 반응해 줍니다. 이러한 부모 밑에서 자란 아이들은 자신의 감정을 말로 적절하게 표현할 줄 알고, 다른 사람과의 갈등도 순리대로 타협을 통해 해결할 수 있기 때문에 다른 사람과의 감정적 시시비비로 힘들어하지 않습니다. 반면 그렇지 못한 부모 밑에서 자란 아이들은 자신의 감정을 외면하거나 다른 사람에게 자기 기분의 책임을 전가하기 때문에 공허감과 무력감에 빠지기 쉽고 불안에 취약해집니다.

안정적인 엄마는 아기를 잘 보살핍니다. 충분히 안아주고 쓰다듬어주며 아기에게 민감하게 잘 맞춰줌으로써, 아기의 마음속에 항상 잘 반응해 주는 엄마라는 믿음을 심어줍니다. 엄마에 대한 믿음이 강한 아기는 밖에 나가서도 잘 놀고, 세상을 탐색하기를 좋아하며, 다른 사람을 두려워하지 않습니다. 불안을 느낄 때면 엄마에게 도움을 청할 수 있고, 그럴 때마다 엄마가 항상 적절한 방법으로 아기의 불안을 해소해 주었기 때문이지요. 이런 유형의 부모들은 대개 아이에게 몰입하면서 기쁨을 찾고, 아이가 불만스러운 감정을 드러내거나 엄마를 공격하더라도 아이가 건강한 방법으로 불만과 공격성을 분출할 수 있도록 도와줍니다.

자신과 타인에 대한 생각을 기준으로 본 애착 패턴

		나에 대한 생각	
		긍정적	부정적
타인에 대한 생각	긍정적	**안정형** ☞ 나에게도 타인에게도 긍정적인 생각을 갖고 있는 유형 • 다른 사람과의 친밀한 관계를 즐긴다. • 혼자 있을 때 편안하고 안정감을 느낀다.	**집착형** ☞ 나에게는 부정적이지만 타인에게는 긍정적인 생각을 갖고 있는 유형 • 대인관계에 집착하며, 남에게 지나치게 의존한다. • 혼자 있을 때는 긴장과 불안으로 분노를 느낀다.
	부정적	**무시형** ☞ 나에 대해서는 긍정적이지만 타인에게는 부정적인 생각을 갖고 있는 유형 • 친밀한 관계를 부담스러워하며, 자기 감정을 드러내지 않거나 외면한다. • 혼자 있을 때 편안하고 안정감을 느낀다.	**혼란형** ☞ 나에게도 타인에게도 부정적인 생각을 갖고 있는 유형 • 나 자신을 못마땅하게 여기고, 다른 사람은 무서워한다. • 친밀한 관계를 두려워한다. (누가 나를 쳐다보면, 공포에 빠진다.)

2_ 남과 있으면 불편한 사람
—무시형 불안정애착

무시하고 거부하는 부모가 외로운 아이를 만든다

무시형 불안정애착 패턴을 가진 사람들은 남과 있으면 불편하고 혼자 있어야 편한 사람들입니다. 혼자 있으면 스스로 편안하게 잘 지낸다고 생각하면서, 왜 다른 사람과 함께 있으면 불편하고 힘들어질까요? 그것은 어린 시절의 경험을 통해 차라리 혼자 있는 게 편하도록 성격이 형성되었기 때문입니다. 구체적인 이유는 여러 가지로 분류할 수 있지만, 어린 시절에 반복적으로 반응이 없거나 무시하는 부모에게 거부당한 경험으로 부모와의 감정적인 연결이 차단되어 있기 때문이지요. 무시형 부모는 "애는 혼자서 크는 거지, 뭘 물려줘? 자기가 다 알아서 해야지. 부모가 일일이 이래라저래라 간섭해야 하나?"라는 식의 태도로 자녀를 키웠을 가능성이 높습니다.

다른 사람과의 감정적 연결이 차단된 무시형 성인은 자신의 정서와 감정을 무시하거나 차단해 버립니다. 대개 어릴 때의 기억을 떠올리지 않으려 하고, 생각하더라도 자신의 정서적 느낌과 연결 짓지 못합니다.

"우리 어머니는 좋은 분이셨습니다. 구체적인 것은 잘 기억이 나지 않고요. 좋은 분이었고 열심히 사셨다는 게 전부입니다." 무시형 불안정애착 패턴을 지닌 대부분의 사람들은 자신의 부모에 대해 이런 식으로 회상합니다.

무시형 성인들도 문제가 없을 때는 대체로 다른 사람들과 잘 지냅니다. 그러나 일단 어려운 문제가 생기면 이를 귀찮아하고 어떤 식으로든 피하려 듭니다. 무시형 남자가 결혼을 했을 경우, 신혼 초에는 부부 사이도 좋고 별다른 문제가 없지만 시간이 지나면서 일상의 자질구레한 문제부터 시작해 가족관계 등의 문제가 불거져 나오게 되겠지요. 이때 부인이 이런저런 어려움을 남편에게 이야기하면, 무시형 남자는 부인과 "잘 의논해서 해결하자"는 안정형 남자와 달리 부담을 느끼고 귀찮아합니다. "당신이 알아서 해!"라는 식으로 문제를 호소하는 부인을 피하게 되지요. 그러면 부인은 피하는 남편 때문에 더 불안해집니다. 불안해진 부인은 남편에게 더 매달리고 문제를 이야기하게 되겠지요. 하지만 남편은 부인이 매달릴수록 입을 꾹 다문 채로 대화를 회피하고 더 멀리 도망쳐 버립니다. 결국 지친 부인도 포기하고 말을 하지 않게 되지요. 이런 부부는 같이 살지만 '말없이 각자 살아가는 남남' 처럼 되어버리기 십상입니다.

무시형 부모와 그 자녀 사이에도 같은 형태의 상호작용이 반복되어, 아이는 부모의 도움과 사랑을 받지 못한 채 외롭고 불안한 아이로 성장하게 되며, 어느 순간부터 타인에게서 멀어져버리는 무시형 성인이 되는 것입니다.

아기는 엄마를 졸졸 따라다니면서 떨어지려 하지 않고, 불안해지면 엄마를 찾으며 매달립니다. 모든 애착 행동은 감정을 동반하기 때문에 부모에게 번번이 무시당하고 거부당하면, 이 유형은 감정을 차단시켜 버리고 부모와 심리적 거리를 유지하면서 스스로 안정을 찾으려고 노력하며 성장하게 됩니다.

놀다가 불안해진 아이는 "엄마, 엄마!" 하고 외치면서 엄마를 찾아 위안과 안정을 얻으려고 하는데, 무시형 엄마는 "왜 그렇게 부르고 야단이야! 네 엄마 안 죽었어. 혼자 놀면 되지. 시끄러워!" 하며 반응합니다. 결국 아이는 엄마에게 위로받기는커녕 싫은 소리만 듣게 되는 셈이지요. 그래서 점차 엄마를 찾지 않게 되고, 엄마를 보면 슬슬 피하게 됩니다.

아이가 아무리 떼를 써도 무시형 엄마는 해달라는 것은 안 해주고 TV만 봅니다. 짜증을 부리고 화를 내지는 않지만, 엄마의 반응은 무덤덤하고 무표정합니다. 엄마는 속상한 일 때문에 우울하거나, 자기 생각이나 일에 빠져서 아이의 요구에는 관심이 없습니다. 엄마에게 다가가고 싶은데 반응이 없으니 아이는 외롭고 힘들 수밖에요. 그런데 가끔 엄마가 기분이 좋아지면 아이의 요구를 들어줄 때도 있습니다. 그러면 아이는 엄마의 기분을 살피고 눈치를 보다가 엄마의 비위를 맞추려고, 자기가 좋아하는 게 아니라 엄마가 좋아하는 것을 하려고 노력합니다.

어린 시절을 이렇게 보낸 아이들은 자라서 무시형 불안정애착 패턴을 갖게 됩니다. 불러도 대답해 줄 엄마가 없었던 경우도 여기에 해당합니다. 엄마가 농사일이나 회사일, 장사일로 바쁜 나머지 늘 집을 비웠고 엄마를 대신해 줄 할머니나 다른 사람도 없었다면, 또한 불안감을 느낄 때도 위로해 줄 사람이 없었고 늘 외로움과 그리움을 가슴에 품고 자랐다면, 이런 아이들은 다른 사람에게 친밀한 감정을 어떻게 드러내야 할지 알지 못합니다. 그런 감정을 제대로 경험해 본 적이 없어서, 성인이 된 후에도 다른 사람과 함께 있고 싶어도 가까이 가지 못하는 성향을 드러내는 것이지요.

이유 없이 울화가 치미는 40대 여성 이야기

명문대학을 나와 기업체를 성공적으로 운영하는 등 사회적으로 성공한 40대 여성이 있었습니다. 이 여성은 아무리 가까운 친구라도 2시간 이상 같이 있으면, 극도의 피곤함과 귀찮은 생각이 밀려들었습니다. 2시간 넘게 다른 사람과 있어야 할 상황이 되면 안

절부절못하고 불안해졌지요.

이 여성은 공부를 아주 잘하는 모범생이었고, 대학을 졸업하면서부터 집안의 대소사를 부모를 대신해 챙기고 어머니를 경제적, 심리적으로 부양하는 등 집안의 가장 역할을 해왔습니다.

"왜 그런지 모르겠지만 돈이 많이 드는 일이나 집안에, 특히 엄마에게 문제가 생기면 내가 책임져야 한다는 생각이 들어요. 엄마나 형제자매는 나에게 고맙다고 말은 하지만, 진심인지 아닌지 모르겠어요. 마음속에는 늘 분노와 억울함이 있는 것 같아요."

이 여성의 부모는 전형적인 무시형으로, 아버지는 자신의 이상에 빠져 아이들의 요구에 귀를 기울여주지 않았고, 아내를 늘 무시하고 차갑게 대했습니다. 어머니는 이런 냉정한 남편 때문에 늘 우울하고 감정이 격해지곤 했습니다.

"제가 네 살 때였을 거예요. 여름에 아이스크림이 먹고 싶어서 아버지에게 5원만 달라고 했는데, 아버지가 '저리 가!' 하고 무섭게 소리를 지르는 거예요. 그래서 이번에는 엄마에게 가서 5원을 달라고 했죠. 저는 지금도 그때의 엄마 표정을 잊을 수가 없어요. 눈물로 범벅이 된 멍한 얼굴로 기운 없이 아버지에게 달라고 하라며 슬프게 말씀하셨어요."

이런 일상이 반복되다 보니 이 여성은 언제 어머니 아버지가 마음이 편하고 기분이 좋은지 자꾸 살피게 되었습니다. 공부에 매달렸던 것도 무서운 아버지의 높은 요구 수준에 자신을 맞추기 위해서였고, 좋은 성적표를 가져다주면 늘 울고 힘없는 엄마를 잠시나마 기쁘게 해줄 수 있기 때문이었지요. 그래서 학창시절에도 성적이 떨어질까봐 늘 초조해 했습니다.

자신의 진짜 감정, 다시 말해 위로하고 칭찬해 주지 않는 부모에 대한 원망은 감춘 채 부모의 비위를 맞추기 위해 스스로를 채찍질한 것입니다. 속으로는 부모를 원망하고 미워하면서도 겉으로는 드러내지 못하고 오히려 부모의 비위를 맞추려고 노력한 셈이지요. 이런 경우 어린 시절의 패턴이 커서도 똑같이 반복되게 마련인데, 이 여성은 다른 사람에게 필요 이상으로 잘해주면서도 늘 박탈감과 억울함에 시달렸습니다. 알 수 없이 화가 치밀어 오르는 분노는 부모에게 정신적으로 착취당했다고 느끼는 억울함과 불안감 때문이었지요.

무시형 불안정애착을 만드는 양육 형태

아이가 엄마에게 매달리는 애착 행동은 강력하고도 근본적인 본능입니다. 아이는 살기 위해서 엄마와 가까이 있어야 하는 것이지요. 엄마에게 가까이 가서 안정과 위로를 얻으려는 본능은 왜 '사랑'이 인간의 관계를 유지시키는 필수적인 조건인지를 설명해 줍니다. 따뜻하고 포근한 엄마 품은 아이에게는 생존을 위한 필수 조건인 셈이지요.

히틀러의 예를 들어보겠습니다. 히틀러는 우수한 아리안 종족을 보존하기 위해 건강한 아리안 족 남녀에게서 태어난 아이들을 각 분야 최고의 교육 전문가에게 맡기고 최고의 시설을 갖춘 기관을 설립하여 양육하게 했습니다. 그런데 아무 이상 없이 건강하게 태어난 아이들이 얼마 되지 않아 여러 가지 문제를 보이고, 몸이 약해지면서 죽거나 제대로 성장하지 못했습니다. 아이들은 따뜻한 보살핌과 이해, 즉 부모의 사랑을 먹고 자라는 존재이기 때문입니다.

무시형 불안정애착은 아이가 성장하는 데 필요한 사랑이 부족해서 형성된 애착 패턴입니다. 엄마와 가까이 있으려는 본능적 행동을 거부당하고, 엄마의 사랑을 충분히 받지 못한 탓에 외로움과 억울함이 마음속에 혼재되어 있지요. 지속적인 무관심, 부족한 사랑, 거부당하는 분위기 속에서 성장하여 사랑 자체, 즉 감정 자체를 회피하고 무시하며 다른 사람과의 관계를 피하게 된 것입니다. 또는 부모가 자녀를 지속적으로 비난하고 공감해 주지 않은 경우, 혹은 잔소리가 심하고 짜증과 화를 내면서 아이를 컨트롤하려는 경우에도 무시형 불안정애착 패턴을 만들어냅니다.

무시형 불안정애착을 만드는 부모들

1. **물리적, 정신적으로 부모가 없었던 경우** 부모와의 사별이나 부모의 이혼으로, 또는 엄마나 아빠가 병원에 장기간 입원해서 부모 자녀 간의 접촉이 차단된 경우에 해당합니다. 부모와 자주 떨어져 지낸 경험이 있습니다.
2. **공감 능력이 떨어지는 부모** 자신의 욕구와 감정을 억제하고, 다른 사람의 감정과 욕구도 무시하며, 아이에게 공감해 주지 못합니다.
3. **심하게 간섭하고 귀찮게 하는 부모** 잔소리가 심하며, 아이의 행동을 지나치게 통제합니다. 이런 경우 아이는 자기 보호의 일환으로 부모를 피하게 됩니다.

3_ 혼자 있으면 불안한 사람
—집착형 불안정애착

이랬다저랬다 하는 부모가 떼쓰는 아이를 만든다

부모를 사랑하면서 동시에 미워하는 경우가 여기에 해당합니다. 어린 시절 미웠다 좋았다 했던 엄마가 성인이 된 지금도 마찬가지로 어느 때는 마음에 들었다가, 어느 때는 원망스럽고 미워지는 것이지요. 집착형 불안정애착 유형의 부모는 아이의 요구에 반응을 해주고 만족시켜 주기는 하는데, 일관되게 지속적으로 해주지 않았던 경우입니다. 부모가 해주다, 해주지 않았다를 반복했기 때문에 아이는 요구할 게 있을 때마다 매우 힘들게 얻어내곤 했겠지요. 이랬다저랬다 하는 부모 때문에 부모의 말을 도무지 믿을 수 없는 아이는 필요한 모든 것을 떼를 써서 얻어내는 경험을 하면서 어린 시절을 보내는 것입니다.

원칙적으로 부모는 아이에게 문제가 생겼을 때 즉시 문제를 해결해, 아이의 불안을 해소해 주고 안정된 상태로 돌아가도록 해주어야 합니다. 집착형 불안정애착의 경우는 문제가 풀릴 때도 풀리지 않을 때도 있었으며, 부모가 자신의 문제를 풀어줄 때조차 안정애착형보다 비교적 오래 걸렸기 때문에 불안을 느끼는 시간이 많았습니다. 즉 자신의 문제는 순조롭게 풀리지 않고, 자기가 악을 쓰고 야단을 해야 풀린다는 행동 패턴을 내면화하면서 성장한 경우입니다.

이러한 패턴의 사람들은 감정을 과도하게 표출합니다. 자신의 감정을 과장해서 드러내야 부모가 반응해 주었기 때문이지요. 무시형의 사람들이 감정을 억압하고 속이는 데 반해 이 패턴의 사람들은 모든 일을 감정적으로 처리하려고 합니다.

아이는 엄마가 필요한 것을 주기는 하는데 언제 어떻게 줄지 예상할 수 없으니, 미리 생각하고 예측하는 것이 소용없다는 생각을 하게 되고, 필요한 것을 과도하게 감정을 실어서 요구합니다. 또 엄마는 도무지 믿을 수 없는 존재라는 느낌을 가지고 성장한 탓에 다른 사람에 대한 불신과 불안감이 크며, 미운 엄마라도 떨어져서는 살 수 없기 때문에 엄마에게 집착하고 떨어지지 않으려 듭니다.

더욱이 화를 내고 떼를 써야만 엄마가 말을 들어주었기 때문에, 혼자서는 문제를 해결할 수 없다는 생각을 하면서 자라게 됩니다. 그래서 더욱 엄마에게 집착하고 엄마가 자기 대신 문제를 해결해 주기를 바랍니다. 그러면서 감정은 미움과 좋음을 극단적으로 오가게 되지요.

당연히 커서도 혼자 있기보다는 다른 사람과 같이 있으려 하고 다른 사람에게 기대고 싶어 합니다. 이는 항상 엄마와 같이 있어야 안심이 되었던 감정이 연속적으로 작용하는 것이며, 여기에는 혼자서는 어려움을 해결할 수 없다는 두려움이 내재되어 있습니다.

이런 유형의 사람과는 어느 정도까지는 같이 있어줄 수 있지만, 이들이 요구하는 것이 보통 사람보다 과도하기 때문에 옆에 있는 사람은 좀처럼 견디기 힘들어합니다. 그럴수록 이런 유형의 사람들은 누가(어릴 때는 엄마) 나로부터 도망치는 것에 민감해져서 어떻게 해서든 상대를 붙잡아두려 하고, 도망가려는 사람은 더 도망가고 싶은 심리가 발동해 갈등이 더욱 심화됩니다. 자신이 혼자 남게 될 상황에 대한 두려움과 도망가려는 사람에 대한 극심한 분노가 교차해서 다른 사람과의 관계를 더욱 악화시키게 되는 것이지요.

이렇듯 집착형 불안정애착 패턴을 가진 사람은 대인관계가 의심과 집착으로 점철됩니다. 이들은 대개 부모와의 관계에서도 감정적 앙금이 많이 남아 있습니다. 또한 어린 시절의 기억을 조리 있게 설명하기 힘들어해서, 과거의 기억들이 과다한 감정과 뒤섞여 두서없이 파편처럼 튀어 나오는 특징을 보입니다.

"우리 가족은 뭐…… 친한 편이었죠. 항상 재미있게 놀았어요. 한

번은 놀이공원에 갔는데, 참 재미있었어요. 지난주에 부모님이 내 동생들과 거기에 가셨는데 나에게는 연락도 안 했어요. 왜 그랬는지 모르겠어요. 이제는 신경도 쓰기 싫어요. 동생들을 편애하지 않을 때도 되었는데 언제나 그렇게 되는지……."

집착형 여자가 결혼을 합니다. 혼자 있으면 자신이 없고 걱정이 태산입니다. 그녀는 남편의 관심이 자기에게서 멀어질까봐 전전긍긍합니다. 남편이 자신을 떠날까봐 불안해서 항상 남편과 같이 있어야 안심이 됩니다. 그래서 아침에 남편이 출근할 때면 이것저것 꼬치꼬치 묻습니다. "몇 시에 끝나? 언제 올 거야?" 반복해서 물어보고 또 물어봅니다. 낮에도 불안해지면 수시로 남편에게 전화를 걸겠지요. 너무 잦은 전화에 남편은 짜증을 냅니다. "일찍 들어가겠다고 몇 번이나 말했는데, 왜 그래? 일하는데 전화 좀 그만 해!"

짜증 섞인 남편의 목소리에 아내는 자신에 대한 남편의 사랑과 관심이 멀어졌다고 의심합니다. 그래서 시간 맞춰 들어온 남편에게 화를 냅니다. 이 여자의 남편은 결국 어떻게 될까요? 의심하고 매달리는 부인 때문에 하루하루 짜증스러워진 나머지 점점 집에 늦게 들어오게 되고 부부 사이는 더욱 갈등 상황으로 치닫게 되겠지요.

엄마가 죽기를 바라는 어린 아들 이야기

초등학교 5학년짜리 남자아이가 출근하는 엄마의 핸드백에 쪽지를 넣어두었습니다. 일터로 온 엄마는 쉬는 시간에 아들의 쪽지를 읽어보았다가 치밀어 오른 화를 주체하지 못해 당장 남편에게 전화를 걸어 소리를 질렀습니다. "저놈이 죽든지 내가 죽든지, 둘 중 하나가 죽어야 우리집이 조용해질 거야!" 아들이 넣어둔 쪽지에는 "아무개(어머니 이름), 죽어라!"라고 쓰여 있었답니다.

아이의 엄마는 감정 기복이 심한 전형적인 집착형 불안정애착 패턴을 지니고 있었습니다. 아이의 일거수일투족을 하루에도 몇 번씩 전화로 확인하고, 몇 개씩 되는 학원을 억지로 다니게 했지요. 혹여 아이가 엄마 말을 듣지 않거나 학원에 제대로 다니지 않으면, 아이에게 고래고래 소리를 지르면서 화를 냈습니다. 그러면 아이도 엄마를 때리면서 대들기 일쑤여서 아이와 엄마의 싸움은 세계대전을 방불케 했습니다.

쪽지를 넣어두기 전날, 아이는 엄마와 약속한 시간을 넘겨서 귀가했습니다. 학원 수업이 끝난 뒤 PC방에서 게임을 하고 조금 늦게 집에 돌아온 것이지요. 엄마는 회사에서 수시로 전화를 걸어 아이가 집에 왔는지 확인했고, 아이가 제시간보다 늦는 것을 확인하고는 바로 남편에게 연락해서 아이를 찾아오라고 다그쳤습니다.

퇴근 후 집으로 돌아온 아빠는 아이를 타일렀고, 아이는 아빠에게 시간을 지키겠다고 약속하고는 자기 방으로 들어갔습니다.

그런데 갑자기 엄마가 아이 방문을 확 열어젖히더니 다짜고짜 이렇게 소리쳤습니다. "야! 너 누가 늦게 오라고 했어!" 아빠에게 혼이 난 뒤인 데다 시간을 지키겠다는 약속까지 했는데 엄마가 불시에 들어와 버럭 야단을 치자, 아이는 화가 머리끝까지 차올라서 다시 엄마와 난투극을 벌이게 되었습니다. 결국 다투던 중에 엄마가 아이의 방문을 부쉈고, 밤새 씩씩거리면서 분하고 억울해 하던 아이가 아침에 출근하는 엄마에게 복수를 한 것입니다.

저는 아이 엄마와 먼저 상담을 시작할 수밖에 없었습니다. 아이가 요구를 하거나 신호를 보내기만 하면 엄마가 감정이 격해진 나머지 아이의 신호를 제대로 해석하지 못하고, 아이와 불쾌한 싸움만 하게 되는 상황에서 아이에 대한 치료를 제대로 진행하기란 무척 어려운 일이었지요.

문제는 이 엄마가 아직도 자신의 친정 부모와 감정 싸움을 하고 있다는 점이었습니다. 이 엄마는 하루가 멀다 하고 친정 어머니에게 전화를 걸어 안부를 묻곤 했습니다. 그런데 통화중에 어머니가 자신의 감정을 조금이라도 건드리면 격한 말다툼을 벌였고, 그래도 분이 풀리지 않으면 퇴근 후 친정으로 가서 2차전을 치르곤 했습니다. 어릴 때나 지금이나 자신의 어머니는 자기 뜻은 묻지도 않고 어머니 마음대로 한다는 불만이 가득 쌓여 있어서 감정이 쉬이 격해지고 말이 곱게 나가지 않는 것이었지요.

집착형 불안정애착을 만드는 양육 형태

이런 유형의 사람들은 다른 사람과의 관계에서 항상 격렬하고도 지나친 감정 반응을 보입니다. 감정을 지나치게 억제하거나 회피하며 논리적으로만 대인관계를 풀어가려는 무시형과는 반대되는 대인관계 패턴을 갖고 있는 셈이지요. 합리적이고 논리적인 협상이나 의논이 어렵고, 모든 가치 판단을 현재 그 사람이 나에게 어떤 감정을 일으키느냐에 따라서 하게 됩니다.

이런 사람들이 지닌 감정의 특징은 불안하고 이중적이라는 것입니다. 전반적으로 자존감이 낮아서 다른 사람에게 의존하기 때문에 다른 사람과 쉽게 관계를 맺고, 한번 맺은 관계에 집착하는 성향을 보입니다.

이 패턴의 아이들에게는 '엄마가 항상 같이 있다'는 믿음이 없습니다. 엄마가 언제 없어질지 모른다는 불안감이 내재해 있고, 엄마가 언제나 자기 옆에서 사랑하는 모습을 보여주어야만 안심을 합니다. 이 아이들은 엄마와 떨어지는 것에 대해 극도로 고통스러워하며 불안해 합니다.

엄마가 자리를 비웠다가 되돌아와도 쉽게 안정을 찾지 못하는데, 자신을 불안하게 한 엄마에게 화를 내거나 칭얼거리며 매달리기를 반복하면서, 엄마를 따라다니느라 다른 놀이에도 집중하지 못합니다. 또한 엄마에게 과도하게 감정 신호를 보내느라 인지 기능이 상대적으로 발달하지 못할 가능성이 큽니다. 또 커서는 공부에 열중하지 못하고 여전히 엄마에게 감정적으로 집착하며, 성인이 되어서는 배우자에게 집착합니다.

집착형은 부모 가운데 특히 엄마의 영향이 지배적입니다. 엄마가 기분이 내킬 때만 아이의 요구를 들어주었든지 아니면 기분에 따라 들어주었다, 들어주지 않았다를 반복했을 경우 이런 패턴이 형성됩니다. 아이는 받기는 받지만 언제 받을지 모르는 불안감에 휩싸이게 되고, 엄마에게 더 악을 쓰며 매달리게 되는 것이지요.

집착형 불안정애착을 만드는 부모들

1. 이랬다저랬다 하는 부모 아이를 밀어냈다가도 미안해 하면서 지나치게 잘해주기를 반복합니다. 자기 기분이 좋으면 잘해주고 기분이 나쁘면 짜증을 내는데, 그 기준이 아이가 아니라 부모 자신에게 맞춰져 있습니다. 그러므로 아이는 자신이 원하는 것을 부모가 해줄지 안 해줄지 알지 못해 불안하고 초조한 나머지 떼를 쓰게 됩니다.

2. 강압적인 원칙을 아이에게 강요하면서 협박하는 부모 "너, 엄마가 시키는 대로 안 하면, 엄마는 이 자리에서 죽어버릴 거야", "말 안 들으면 죽여버린다", "그렇게 마음대로 할 거면 차라리 너 죽고 나 죽자"라는 말을 자주 하는 부모 밑에서 자란 아이는 매우 불안정한 성격 패턴을 형성하게 됩니다.

chapter 2

아이의 뇌는 모든 자극에 반응할 수 있는 기능을 갖고 태어나고, 수많은 자극에 반응하면서 발달합니다. 뇌뿐만 아니라 눈, 코, 입, 귀, 피부 등 자극을 받아들일 감각 기능도 가지고 세상에 나오지요. 아주 기본적인 하드웨어가 완성된 상태로 인간의 몸에 장착되어 나오지만, 그 하드웨어는 환경과의 상호작용을 통해 몇 단계 더 업그레이드되고 완성됩니다.

그러나 모든 감각기관을 정상적으로 갖고 태어났다 하더라도 엄마가 눈을 맞춰주지 않고, 이름을 불러주지 않고, 품고 쓰다듬어주지 않는다면 건강한 기관이라도 제대로 성장하지 못하고 시들해지게 마련입니다. 따라서 엄마는 무조건 아이와 열심히 놀아주어야 합니다. 또한 아이가 쉬고 싶어 할 때는 편하게 쉴 수 있도록 도와주어야 합니다. 엄마 안에 내재된, 정확하게는 엄마의 뇌에 있는 감정, 지각, 느낌, 기억을 총동원해서 아이와 열심히 놀아줄 때 비로소 아이는 타고난 모든 기능을 제대로 발달시킬 수 있습니다.

엄마는 아이를 사람으로 만드는 모든 자극을 제공하는 주체이며, 과장된 표현을 빌리자면 아이의 생사여탈권을 쥐고 있는 절대적 존재입니다. 엄마로부터 좋은 자극, 풍부한 자극을 받은 아이는 신체의 모든 기관이 놀라울 정도로 발달하며, 그 모든 경험이 뇌에 기억으로 남아 이후 감정이 풍부한 아이, 다른 사람들과 잘 어울리는 아이, 머리가 좋은 아이로 성장할 수 있습니다.

아이는 어떻게 자라는가?

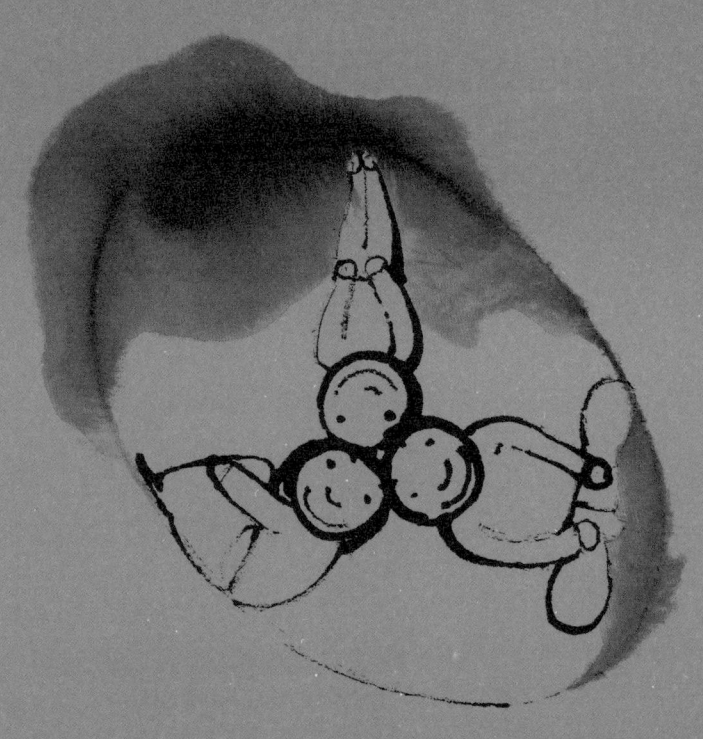

| 1장 |

기억이
아이를 **만든**다

1_ 기억이 아이를 만든다

모든 자극은 기억으로 남는다

1950년대에 미국에서 간질 환자인 HP 씨를 치료하기 위해 의료진이 그의 뇌 일부를 잘라냈습니다. 그런데 간질은 치료되었지만 일어난 일을 장기기억[6]으로 바꾸고 저장하는 기능이 손상되었습니다. 기억이 유지되는 시간이 몇 분 단위에 불과해서 5분 전에 들어온 담당 의사를 5분 후에는 기억하지 못하게 된 것입니다. 이번에는 의사가 손에 압정을 붙이고 HP 씨와 악수를 했습니다.

[6] 장기기억은 오랫동안 지속되는 기억으로 볼 수 있다. 변연계 뇌의 해마체와 편도핵 등이 장기기억에 영향을 미치는데, 해마체와 편도핵은 스트레스에 특히 약하다. 아이가 스트레스를 지속적으로 받으면 해마체와 편도핵이 손상되어 장기기억 체계가 나빠질 수 있다. 이는 마음이 불안한 아이가 공부를 잘할 수 없게 되는 이유이기도 하다.

손바닥이 따끔하게 찔려 아팠겠지요. 몇 분이 지나서 담당 의사가 다시 왔을 때 HP 씨는 그 사람이 누구인지 여전히 기억하지 못했습니다. 그런데 의사가 손을 내밀자 HP 씨가 손을 움찔했습니다. 상대방이 누구인지는 기억해 내지 못해도, 5분 전에 압정에 찔린 기억은 어딘가에 남아 있어서 자기도 모르게 움찔하게 된 것이지요.

모든 생물은 어떤 자극을 받으면 반드시 반응을 하도록 되어 있습니다. 아주 원시적인 단세포 생물조차 자극에 반응합니다. 강렬한 자극이나 단순한 세포 단위에서의 반복되는 자극은 우리 몸 어딘가에 기억으로 남게 됩니다. 엄마 뱃속 태아 시절의 경험도 기억으로 남을 수 있습니다. 물론 엄마 뱃속에서 아기의 세포가 받아들이는 자극은 태어나서 겪게 될 무수한 자극들에 비하면 너무도 미미하지요.

그러나 중요한 것은 아이가 어떤 자극에도 반응하는 세포로 이루어진 몸과 함께, 경험을 기억으로 저장하는 고도로 발달된 뇌를 가지고 태어난다는 사실입니다. 자궁 속에서의 경험도 기억으로 남게 되는데, 하물며 출생 이후에 일어나는 수많은 사건들은 어떨까요?

경험의 기억은 이후 아이가 어떤 사람으로 성장하게 될 것인지를 결정하는 중요한 요인이 됩니다. 그런데 부모들은 내가 아이에게 주고 있는 자극의 의미를 모르는 채 대체로 무심하게 지나칩니다. '애가 알지도 못하는데 무슨 영향이 있겠어?' 하며 별생각 없이 수많은 자극을 아이에게 주고 있는 것입니다. 아이의 뇌는 다 자라지 않아서 경험을 의식적이고 논리적인 기억으로 정리하지는 못하지만, 아이에게 들어간 모든 자극은 기억으로 남아 아이의 평생에 걸쳐 영향을 주게 됩니다. 나쁜 경험을 하게 되면 그 기억이 어딘가에 저장되어 있다가, 시간이 지난 후 특정한 반응으로 표출되는 것이지요.

다음은 어느 엄마와 딸의 대화입니다.

"도대체 엄마는 왜 캠핑을 못 가게 하는 거야? 이번에는 엄마가 뭐라고 해도 꼭 갈 거야."
"꿈자리가 좋지 않아. 그러니까 가지 말고 엄마랑 집에 있어."
"어려서는 소풍도 못 가게 해놓고, 이제 나도 다 컸어. 고등학생이라고. 친구들과 캠핑 꼭 갈 거야."
"너, 엄마 말 안 듣고 캠핑 가면 엄만 속상해서 또 아플 거야, 맘대로 해."

딸은 어릴 때부터 '나가 놀고 싶은' 자신의 욕구와 '바깥은 위험하니 나가지 말고 엄마와 있자'는 엄마의 메시지 사이에서 항상 갈등을 겪었습니다. 이런 아이의 엄마는 대개 성장 과정에서 자신의 엄마가 자기를 혼자 내버려둬서 불안했던 경험을 한 사람입니다. 예를 들어 엄마가 아무 말 없이 자주 집을 비웠는데, 아이 혼자 남아 불안해 하고 엄마를 믿을 수 없다는 마음에 화가 나도, 아무도 아이를 위로해 주지 않은 것이지요.

이런 아이는 성인이 된 후에도 누군가 같이 있어야 불안을 느끼지 않게 됩니다. 결혼을 한 뒤에는 남편은 일을 하러 나가야 하는 상황이니 대신 아이를 붙잡아두게 되지요. 아이가 어릴 때는 엄마와 항상 같이 있지만, 아이가 커서 나가 놀고 싶어 할 때도 엄마는 아이와 떨어지는 게 싫어서 바깥이 위험하다는 핑계로 아이를 붙잡아놓습니다. 이렇듯 어릴 때의 경험은 어딘가에 저장되어 있다가 특정한 상황에서 특정한 반응으로 나오게 되는 것입니다.

과거의 기억이 현재를 지배한다

아이가 아빠의 잔소리를 지긋지긋해 할 경우, 이 아빠는 자신의 아버지에게 그에 못지않은 잔소리를 들으면서 자란 사람일 가능성이 높습니다. 그러나 아이 아빠는 자신이 잔소리를 많이 해서 아이가 힘겨워한다는 것을 전혀 이해하지 못합니다. 이처럼 아이에 대한 부모의 태도는 대부분 과거의 기억에 의해 결정됩니다.

"아빠 때문에 미칠 지경이에요. 수영하러 간다고 하면 물에 빠진다고 못 가게 해요. 친구들하고 스키 타러 가고 싶다고 했더니 다리 부러진다고 절대 보낼 수 없다는 거예요. 할 수 없이 그럼 아빠랑 같이 등산하러 가자고 하면 산에서 떨어져 죽을 수 있으니 그냥 집에 있으라고 한다니까요."

고등학생인 이 아이는 '아버지 말을 듣지 않고, 공부도 하지 않는다'는 이유로 아버지 손에 이끌려 병원을 찾아왔습니다. 아이는 아버지 때문에 숨이 막히고, 아버지가 하라고 하는 것은 공부고 뭐고 다 귀찮고 하기 싫을 뿐이었지요. 어머니 역시 아버지를 설득하지 못해 이러지도 저러지도 못하는 딱한 상황에 처해 있었습니다.

왜 그랬을까요? 아이의 할아버지가 아버지를 그와 똑같은 방식으로 키웠기 때문입니다. 아이의 할아버지는 여기 가도 위험하고 저기 가도 위험하다면서 아이의 아버지에게 아무것도 못 하게 했을 뿐 아니라, 할아버지가 시키는 대로만 따라 하도록 윽박지르면서 키운 것입니다. 물론 아이의 아버지는 할아버지 때문에 늘 억눌려 자랐지만, 스스로는 그래도 자기 아버지 덕분에 중학교 교사가 되어 성공적인 삶을 살고 있다고 생각했습니다. 이 아버지는 자신이 억눌려 자란 것은 기억하지 못하고, 자신의 아버지가 미친 긍정적인 영향만 보았던 것이지요. 그래서 아버지가 자신을 키운 방식까지 그대로 수용하여 아들을 대했고, 그 결과 아들은 아버지에 대한 극도의 불만을 키워왔을 뿐만 아니라 아이의 엄마인 아내까지도 불만스러워했던 것입니다.

이러한 사례는 주위를 주의 깊게 살펴보면 너무도 흔한 일이어서 일일이 열거하기가 힘들 정도입니다. 한번은 미국에서 박사학위를 받고 대학교수로 재직하는 아버지가 아들을 데리고 저를 찾아왔습니다.

"아이가 도무지 버릇이라고는 없습니다. 말을 하도 안 들어서 혼을 냈더니, 아빠도 할아버지 말을 지겹게 안 들으면서 왜 자기한테만 이래라저래라 하느냐고 대드는 겁니다. 정말 기가 막혀서!"

아이는 중학교 3학년 남학생이었습니다. 어려서는 말도 잘 듣고 예의바른 아이였지만, 사춘기 이후로는 매사에 반항적이었다고 했습니다.

"아빠는 저를 한시도 가만히 내버려두지 않아요. 열심히 공부해서 반에서 1등을 해도 칭찬해 준 적이 없어요. 아마 전교 1등을 해도 성에 차지 않을 거예요. 뭐든지 지쳐서 나가떨어질 때까지 해야 해요. 아빠와 스키장에 갔다가 너무 힘이 들어서 좀 쉬었다 타자고 했더니, 리프트 사용료가 아깝다고 리프트 시간 끝날 때까지 죽기 살기로 스키를 타자는 거예요. 정말 우리 아빠 맞아요?"

아이의 아버지는 무엇을 하든지 자신의 한계를 넘어서 열심히 하지 않으면 만족하지 못하는 성격이었습니다. 아이는 아버지가 어디 놀러 가자고 할까봐 겁이 났다고 합니다. 노는 것이 아니라 중노동을 하는 기분이었겠지요. 아이가 어려서는 아버지가 무서워서 꼼짝 못하고 시키는 대로 했지만, 중학생이 되어 힘이 세졌다고 생각하자 아버지에게 억울한 기분을 토로하고 대들기까지 하게 된 것입니다.

이 아버지는 자신의 아버지와 사이가 좋지 않았습니다. 힘과 권위로 자신을 윽박지르며 밀어붙인 아버지와 일찌감치 정서적

연대를 포기했던 겁니다. 그의 아버지는 그에게 독재자나 다름없었죠. 아이의 아버지 자신도 사춘기에는 억울함과 분노로 울분을 토했고, 그 이후엔 아버지에게 의지하지 않고 죽을힘을 다해 스스로의 인생을 개척했습니다. 마흔이 훌쩍 넘은 나이가 되어서도 아버지에 대한 분노와 원망은 조금도 수그러들지 않았습니다. 그런데 지금은 자신의 아들이 자신에게 같은 분노와 원망을 품고 있는 것입니다.

뇌 발달은 부모와의 경험에 달려 있다

왜 우리는 해결되지 않은 과거에 영향을 받는 것일까요? 과거의 경험은 현재를 지각하고 미래를 설계하는 데 지속적으로 영향을 미칩니다. 아기는 거의 완전한 뇌의 형태를 가지고 태어나는데, 출생 시에 가지고 태어나는 뇌세포의 수는 약 1000억 개 정도입니다. 한 개의 뇌세포는 약 1천 개의 다른 뇌세포와 연결되는데, 뇌세포와 뇌세포가 선으로 연결되는 이 과정은 외부 자극에 반응하면서 진행됩니다. 아기의 뇌는 생애 초기부터 뉴런이라고 부르는 뇌세포와 뇌세포 사이에 연결 회로를 만들고, 그것을 변경할 수 있습니다. 이처럼 회로의 생성과 변경은 뇌를 구성하는 내용이며, 아이의 뇌가 경험을 기억하는 방법입니다.

아이는 무수한 경험을 통해 자기의 뇌 안에 기억의 연결 구조를 만들어냅니다. 따라서 생애 초기의 부모와의 경험은 뇌의 기본 구조 형성에 결정적인 영향을 미칠 수밖에 없습니다. 아이의 뇌는 부모와의 경험이 직접적인 자극이 되어 뇌의 연결 구조를 만들어내고, 자라서 어떤 사람이 될지를 결정하는 성격과 마음을 규정짓습니다.

자궁 안으로 들어오는 자극들도 태아의 뇌세포간 연결을 촉진하지만, 출생 후 쏟아지는 어마어마한 자극의 포화에 뇌가 적극적으로 반응하면서부터 아기의 뇌는 폭발적으로 성장하기 시작합니다. 마치 정교한 통신 라인처럼 연결되어 있는 뇌세포들이 생후 첫 12개월까지 엄청나게 자라는 것입니다. 그러나 그 후에도 어떤 경험을 하느냐에 따라 새로운 연결망이 수없이 만들어지고 변경되기도 합니다.

기억에 관한 최근의 연구들은 경험이 어떻게 우리의 뇌와 마음을 변화시키는지 여실히 보여줍니다. 인간의 경험은 일생에 걸쳐 뇌세포간 연결망을 변화시킴으로써 하나의 뇌를 형성합니다. 뇌세포간 연결망은 그 길이로 따지면 330만 킬로미터가 넘는데, 인간의 뇌는 온 우주에서 가장 복잡한 사물이라 말할 수 있을 정도입니다. 그리고 우리의 기억은 바로 이런 뇌세포간 연결망의 변화를 기반으로 하여 일어나는 것입니다.

아이의 뇌는 모든 자극에 반응할 수 있는 기능을 갖고 태어나고, 수많은 자극에 반응하면서 발달합니다. 뇌뿐만 아니라 눈, 코, 입, 귀, 피부 등 자극을 받아들일 감각 기능도 가지고 세상에 나오지요. 아주 기본적인 하드웨어가 완성된 상태로 인간의 몸에 장착되어 나오지만, 그 하드웨어는 환경과의 상호작용을 통해 몇 단계 더 업그레이드되고 완성됩니다.

그러나 모든 감각기관을 정상적으로 갖고 태어났다 하더라도 엄마가 눈을 맞춰주지 않고, 이름을 불러주지 않고, 품고 쓰다듬어주지 않는다면 건강한 기관이라도 제대로 성장하지 못하고 시들해지게 마련입니다.

따라서 엄마는 무조건 아이와 열심히 놀아주어야 합니다. 또한 아이가 쉬고 싶어 할 때는 편하게 쉴 수 있도록 도와주어야 합니다. 엄마 안에 내재된, 정확하게는 엄마의 뇌에 있는 감정, 지각, 느낌, 기억을 총동원해서 아이와 열심히 놀아줄 때 비로소 아이는 타고난 모든 기능을 제대로 발달시킬 수 있습니다.

엄마는 아이를 사람으로 만드는 모든 자극을 제공하는 주체이며, 과장된 표현을 빌리자면 아이의 생사여탈권을 쥐고 있는 절대적 존재입니다. 엄마로부터 좋은 자극, 풍부한 자극을 받은 아이는 신체의 모든 기관이 놀라울 정도로 발달하며, 그 모든 경험이 뇌에 기억으로 남아 이후 감정이 풍부한 아이, 다른 사람들과 잘 어울리는 아이, 머리가 좋은 아이로 성장할 수 있습니다.

2_ 기억의 메커니즘

갓난아기의 뇌는 자극을 찾아다닙니다

태어날 때 약 400g이었던 뇌의 무게는 돌 전후로 1000g이 됩니다. 그리고 첫돌이 되는 시기까지 뇌는 아이의 에너지 중 60%를 소비합니다. 뇌가 얼마나 역동적으로 온갖 자극에 반응하면서 성장하는 시기인지를 단적으로 알 수 있는 수치입니다. 뇌세포와 뇌세포 간의 정교한 연결망은 여러 외부 자극에 반응하면서 고도로 발달하며, 첫 12개월 안에 폭발적 성장이 이루어집니다.

"엄마, 놀아주세요. 엄마가 놀아주어야 내가 건강하게 잘 자라요. 엄마가 나를 만져주고 쓰다듬어주어야 내 기분이 좋아져서 면역력이 강해져요." 이렇게 말을 할 수는 없지만 아기는 이처럼 엄마가 자기와 놀아주기를 애타게 기다립니다.

그런데 엄마가 기분이 좋지 않고 늘 우울해서 짜증이 난다면 어떻게 될까요? 엄마는 아기에게 젖병만 물려놓고 창밖만 멍하니 바라보고 있겠지요. 아기는 엄마의 자극을 애타게 기다리면서 놀아달라고 바둥거리기도 하고 울어보기도 하지만, 기분이 좋지 않은 엄마는 아이를 쳐다보지도 않습니다. 그러면 아기도 더 이상 보채지 않고 이내 조용해질 겁니다. 자극을 기다리던 뇌세포가 시들해지는 것이지요.

뇌신경세포는 자극을 통해 성장합니다. 쓰는 뇌세포는 더 많은 연결을 만들어내고 튼튼해지지만, 자극이 들어오지 않아서 작동하지 않는 뇌세포는 허약해져서 제 기능을 발휘하지 못하게 됩니다.

실험을 위해 원숭이의 한쪽 눈을 봉합한 뒤 그 눈으로는 시각정보가 들어오지 못하게 했습니다. 정상적이던 눈은 이내 시력을 잃은 반면, 봉합하지 않은 나머지 한쪽 눈의 시력은 월등히 좋아졌습니다. 시신경세포는 보려고 하는데 볼 게 없으면, 즉 자극이 없으면 시들해지고 기능이 퇴화됩니다. 인간의 몸을 구성하는 세포 역시 쓰면 쓸수록 좋아지는 특성을 가지고 있으며, 뇌세포 또한 예외가 아닙니다.

뇌가 가장 많이 성장하는 생후 첫 12개월은 풍부하고 기분 좋은 자극이 절대적으로 필요한 '민감한 시기'입니다. 엄마 뱃속에서 모든 준비를 마친 아기는 세상에 나와 엄마가 놀아주기를 애타게 기다립니다. 이때 엄마가 아기가 원할 때마다 흡족하게 놀아주면 아기의 준비된 모든 뇌세포와 감각기관의 신경들이 활성화되면서 두뇌에 거미줄 같은 회로를 만들어냅니다.

앞서 언급했듯이 아이들의 뇌는 부모의 손길을 간절히 기다립니다. 부모는 자라는 아이의 뇌를 만들어내는 조각가와도 같습니다. 아이들의 미성숙한 뇌는 사회적 경험에 극도로 민감하기 때문에 낳아준 부모뿐 아니라 길러준 부모까지 생물학적 부모로 불러야 한다는 주장도 있습니다. 그만큼 누가 길러주었느냐, 누구와 어떤 경험을 했느냐가 생물학적으로도 뇌의 구조를 결정하는 데 중요한 역할을 하기 때문입니다.

두뇌의 발달 과정, 단기기억과 장기기억

툭하면 손찌검을 하고 아이에게 짜증을 내는 부모가 있습니다. 자신의 행동이 스스로도 마음에 들지 않고, 아이에게도 전혀 도움이 되지 않는다는 것을 알고는 있지만 고치고 싶어도 고쳐지지 않고, 어설프게 행동했다가는 결과만 더 나빠지곤 합니다. 늘 아이에게 미안하면서도 똑같은 행동을 반복한다면, 그것은 머리는 기억하지 못하지만 몸은 기억하는 내재된 기억 시스템이 내 안에서 작동하고 있기 때문입니다.

이처럼 생각나지 않는 기억을 '암시기억'이라고 하는데, 뇌의 어딘가에 저장되어 있지만 의식적으로 끄집어낼 수 없는 기억을 말합니다. 하지만 우리 몸 어딘가에 저장되어 있으므로 행동에 영향을 줍니다. 학자들은 이를 '몸의 기억' 또는 '감정기억'이라고 말합니다.

의식적으로 고치려 해도 잘 고쳐지지 않는 반복되는 행동 때문에 힘들다면, 그 행동을 유발시킨 암시기억 시스템이 작동중이라는 것을 떠올리세요.

기억은 크게 단기기억과 장기기억으로 나뉘고, 장기기억은 회상할 수 있는 명시기억과 회상하지 못하는 암시기억으로 구분되는데, 이 모든 기억은 뇌에 저장되어 있습니다.[7]

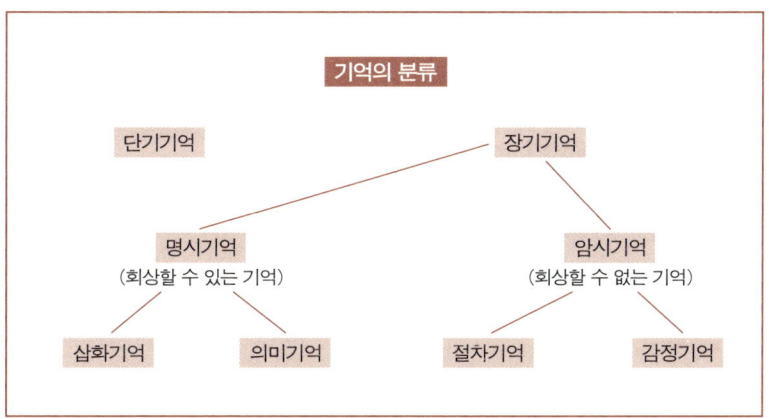

---

7 기억의 분류
단기기억 : 몇 초 몇 분만 지속되는 기억(예: 전화번호)
삽화기억 : 개인의 생활에 존재했던 과거 사건들에 대한 자서전적 기억
의미기억 : 사실, 개념, 단어 등
절차기억 : 학습, 반복을 통해 습득된 것(운동신경, 기술, 악기 연주, 습관 등
감정기억 : 감정적 경험을 통해 생긴 감정 반응(예: 이유 없이 놀람)

자신의 행동이 암시기억에서 나온 것이라면, 그것은 어릴 때 나와 부모 사이에서 수천 번, 수만 번 일어났던 경험이라는 뜻입니다. 부모와의 사이에서 어떤 경험을 했는지 가만히 생각을 모아보면, 부모의 어떤 행동이 자신을 속상하게 했는지 떠오를 것입니다. 수만 번 반복된 경험을 통해 암시기억으로, 즉 몸의 기억으로 배어버린 행동 패턴을 인식해 냈다고 해서 하루아침에 그것을 고치기란 불가능합니다. "아, 내가 부모에게서 경험했던 힘든 일을 지금 내 아이에게 똑같이 반복하고 있구나"라는 자각에 이르게 되면, 노력하고 또 노력하는 것 외에는 다른 방법이 없습니다. 잔소리하던 사람이라면 잔소리를 줄이려고 노력하고, 그래도 안 되면 달력과 노트에 써놓고 연습하고 또 연습해야 합니다. 작심삼일로 끝나면 또 써놓고 연습하면 됩니다. 이렇게 작심삼일을 반복하다 보면 언젠가는 좋아질 수밖에 없지요.

유치원에서 자신의 아이가 주눅 들어 있는 모습을 보면 대부분의 엄마들은 화가 치밀어 올라 아이에게 큰 소리로 야단을 칩니다. 아이가 야단을 맞고 나서 씩씩한 모습으로 바뀐다면 정말 좋겠지요. 하지만 아이는 그럴수록 더 위축되고 말도 제대로 못 하게 됩니다. 그러면 부모는 아이에게 더 화를 내지요. 하지만 화가 나는 그 순간에 암시기억이 작동하고 있음을 떠올려보세요.

'야단치는 방법이 아이에게 아무 도움이 되지 못하는구나. 그런데 나는 왜 아무 효과도 없는 행동을 반복하고 있을까? 내가 어릴 때 어머니와 아버지에게 야단맞으면 기분이 어땠지?'라고 생각하면서 화가 나는 마음을 아이에게 풀지 말고, 잠깐 자신의 어린 시절을 돌아보는 것이지요. 그러면 부모에게 야단맞을 때의 기분을 되살릴 수 있을 것입니다. 여자답지 못하다고, 사내답지 못하다고 아버지에게 호되게 야단을 맞아 울음을 터뜨리거나 두려움에 오줌을 지린 경험도 떠오를 테고요. 그렇다면 지금 내 행동으로 인해 내 아이가 겪을 어려움, 즉 '하고 싶은 말도 제대로 못 하고 위축되었던 그 아픔'을 이해할 수 있을 것입니다. 부모의 암시기억에 각인된 패턴이 지금 또 한 명의 아이를 피해자로 만들고 있다는 사실을 명심해야 합니다.

그런데 "하도 오래전 일이라 도무지 기억이 나지 않는다"고들 합니다. 지금 자신의 행동을 살펴보면 무언가 영향을 준 경험이 분명히 존재하는 것인데도 어떤 경험인지 모르는 것은, 그것이 대부분 암시기억이기 때문입니다.

우리가 흔히 '기억한다'고 생각하는 것은 장기적 기억으로 전환된 경험들에 대한 것, 즉 '명시기억'을 의미합니다. 뇌과학의 입장에서 본다면, 인식할 수 있는 경험과 무의식적인 경험으로 단순하게 나눌 수도 있습니다. 하지만 경험들은 의식과 무의식의 영역을 넘나듭니다. 처음 봐서는 기억나지 않던 일이 곰곰 되새겨보면 생각나는 경우와 같지요.

노력해서 기억해 낸 경험이든 늘 기억하고 있는 경험이든, 이와 같은 장기기억들은 특정한 뇌의 발달을 통해 가능해집니다. 바로 해마체입니다. 해마체는 생후 12~18개월 즈음에 발달합니다. 몸

안으로부터 오는 자극이든, 몸 바깥에서 감각기관을 통해 들어오는 자극이든 상관없이 해마체가 발달하기 전까지는 일어나는 모든 일이 불과 몇 초, 몇 분 정도만 기억으로 유지됩니다. 이를 '단기기억'이라고 하는데, 해마체는 단기적 기억을 장기적 기억으로 변환시킵니다. 해마체 발달 이전의 경험은 장기적 기억으로 전환되지 않았기 때문에 의식적으로 상기해 내지 못하는 것이지요.

18개월이 채 되지 않은 아이에게 어제 무엇을 했는지 물어보면

8 명시기억과 암시기억은 처리 과정이 다르고 뇌의 각기 다른 부분에 저장된다. 사람, 장소, 사건을 처리하는 명시기억은 전전두엽에서 처리되고 해마체에서 장기기억으로 전환된 후 그 사건을 처음 다룬 감각기관(시각, 청각, 촉각 등)에 상응하는 뇌의 각 곳에 저장된다.

명시 기억 저장

전전두엽 / 해마체 / 운동기억 / 몸의 감각기억 / 청각기억 / 시각기억

암시기억은 기술, 습관, 감정 등에 관한 것으로, 소뇌, 선조체, 편도핵 등에 저장된다.

암시 기억 저장

선조체 / 편도핵 / 소뇌

대답을 못 하지만, 세 살배기 아이는 어제 있었던 일, 혹은 며칠 전에 있었던 일도 기억해 내고 대답할 수가 있습니다. 이는 해마체에 의해 단기적 기억이 장기적 기억으로 전환되었기 때문에 가능한 것입니다.

아이가 초등학교에 입학할 무렵이 되면 해마체의 발달과 더불어 장기기억이 더욱 세분화되어, 마치 영화처럼 구체적인 시간과 공간, 등장인물과 줄거리, 파노라마와 같은 에피소드들을 기억할 수 있습니다. 그리고 그것이 기분 좋은 일이었는지 불쾌한 일이었는지 등의 의미도 기억 장치에 저장됩니다. 하나의 이야기처럼 떠올릴 수 있는 가장 어린 시절의 기억이라면, 그것은 아마도 6~7세 무렵, 초등학교 입학 전후의 기억일 것입니다.[8]

엄마가 주 양육자가 되어라

앞에서도 언급한 것처럼 아이의 성장 과정에서 만 3세까지는 매우 중요한 시기입니다. 아이의 뇌가 전 생애에 걸쳐 가장 폭발적으로 성장하는 시기이기 때문이지요. 이때 아이의 뇌에 영향을 주는 외부 자극은 무엇일까요? 바로 엄마와의 상호작용입니다. 엄마와 아이의 상호작용은 하루에도 수십 수백 번씩 지속적으로 일어나기 때문에, 그 어떤 자극보다 강하게 뇌를 자극합니다. 따라서 어떠한 상호작용을 했느냐에 따라 아이의 뇌는 그쪽으로 발달할 수밖에 없습니다.

특히 대인관계에 영향을 미치는 뇌의 회로는 만 3세 무렵까지 큰 틀이 완성됩니다.[9] 다른 사람에 대해서 어떻게 느끼고 행동하느냐가 이 기간 동안에 결정되는데, 이때까지 아이의 기본적인 성격이 완성된다고 볼 수 있습니다.

아이가 어느 정도 자란 다음에 말로써 아이의 버릇을 고치려고 하면 몹시 힘이 들지요. 이미 형성된 뇌의 회로를 바꾸려면 아이가 3세까지 받았던 자극만큼의 강력한 자극이 가해져야 하기 때문입니다. 그런데 어느 정도 자란 아이는 '고치라'는 엄마의 말을 잔소리로 여깁니다. 엄마도 아이가 달가워하지 않으니 말로 몇 번 야단치다가 이내 포기하고 맙니다. 몇 차례의 시도만으로 이미 형성된 뇌의 회로를 바꾼다는 것은 불가능한 일입니다.

엄마가 바깥일을 하지 않고 집에서 아이를 키운다면 아이에게 더할 나위 없이 좋겠지만, 맞벌이 부부가 대세인 요즘의 상황에서 그것은 그리 녹록한 일이 아닙니다. 핵심은 비록 집에서 하루 종일 아이와 같이 있지 못하더라도 세 살까지는 엄마가 주 양육자가 되어야 한다는 것입니다.

할머니나 이모 또는 보모가 엄마를 대신해서 아이를 돌봐줄 수도 있습니다. 반드시 엄마가 집에서 직접 아이를 돌보지 않더라도

---

[9] 대인관계에 영향을 미치는 뇌를 '사회성 뇌'라고 하는데, 이에 대해서는 2부 3장에서 자세히 다룰 예정이다.

아이들이 잘 자란다는 연구 결과는 얼마든지 있습니다. 그러나 아이를 돌보는 모든 과정을 엄마가 알고 있어야 하고, 양육자와 엄마 사이에 아이의 일을 의논하는 통로가 마련되어야 한다는 조건이 전제되어야 합니다.

바깥일에 지쳐서 피곤한 몸으로 퇴근하더라도 짧은 시간이나마 아이와 놀아주는 시간을 가져야 합니다. 아이와 노는 동안은 즐겁고 재미있게 깔깔거리고 웃으면서 마음껏 즐겨야 합니다. 아이로 하여금 비록 짧은 시간이지만 엄마와 함께 놀 수 있는 시간이 있고, 엄마와 노는 것이 재미있다는 인식을 심어주어야 하니까요.

또한 세 살까지는 되도록 주 양육자가 바뀌지 않는 것이 좋습니다. 어쩔 수 없이 바뀌게 된다면 아이가 슬픔, 불안, 우울함과 무서움 등의 힘든 감정을 겪게 된다는 사실을 염두에 두어야 합니다. 아이가 애착을 느꼈던 양육자를 잃은 상실감 때문에 우울해지거나 공격적으로 변할 수 있으니까요. 상실의 아픔과 새로운 양육자에게 적응해야 한다는 불안감이 아이에게 공존하기 때문입니다. 그러므로 이 경우에 부모는 아이가 혼란스러운 감정을 충분히 표현할 수 있도록 도와주어야 합니다.

"우리 엄마 어디 갔어? 엄마 데리고 와! 새엄마 싫어!"

"할머니한테 갈 거야! 엄마 싫어, 무서워, 저리 가! 할머니한테 보내줘!"

이와 같은 아이의 반응 때문에 새로운 양육자는 상당한 인내심과 이해심을 요구받게 됩니다. 그러나 이러한 상실과 적응의 시기를 아이가 반드시 겪어야 할 자연스러운 과정으로 받아들여야 하고, 이 문제를 공개적으로 아이와 충분히 의논하는 것이 새로운 양육자와의 관계 형성에 도움이 됩니다. 새로운 양육자에 대한 적응 기간은 아이마다 개인차가 있겠지만 최소 6개월에서 1년 정도가 걸립니다.

3_ 아이의 뇌를 발달시키는 것, 파괴하는 것

스트레스가 아이의 뇌를 파괴한다

좋은 기억은 살아가는 데 큰 자산이 되지만 나쁜 기억은 심리적, 정서적으로 큰 짐이 됩니다. 인간의 뇌에 저장된 장기기억은 보통 평생을 간다고 생각하면 됩니다. 따라서 부모는 아이가 좋은 기억을 더 많이 가지고 세상을 살아가도록 해주어야 합니다.

아이가 불안을 느끼는 나쁜 경험이 자주 반복되면 스트레스 호르몬 수치가 높아져 뇌의 해마체가 망가지게 됩니다. 해마체가 제 기능을 하지 못하면, 단기기억에서 장기기억으로의 전환이 원활하게 이루어지지 않겠지요. 반복되는 나쁜 경험이 아이의 뇌 발달을 방해하는 이유가 바로 여기에 있습니다.

취학 전의 아이가 과도한 스트레스 상황에 몰리는 충격적인 경험을 반복해서 겪으면, 그 충격은 고스란히 암시기억 중 감정기억으로 남아 의식적으로 기억하지는 못해도 비슷한 상황이 재현되면 감당할 수 없는 감정의 홍수에 빠지게 됩니다. 아이는 극심하게 불안하고 우울해져도 그것이 어떠한 맥락에서 비롯된 감정인지 분간하지 못해 괴로워합니다. 이런 현상은 앞서 여러 사례에서 살펴본 바와 같이 성인이 되어서도 마찬가지입니다.

사람이 스트레스를 받으면, 스테로이드라는 호르몬이 나와서 스트레스에 대처하도록 도와줍니다. 그러나 스트레스가 오랜 기간 지속되면 계속적으로 분비되는 스트레스 호르몬이 뇌의 일부분에 오히려 독으로 작용합니다. 특히 해마체와 편도핵이 스트레스 호르몬에 대단히 취약한 부분입니다.

스트레스 호르몬의 과다한 분비로 해마체가 손상되면, 아이의 장기기억을 만들고 보존하는 능력에 심각한 손상이 생깁니다. 기억 능력이 떨어지는 아이라면 공부를 잘하기 어렵겠지요. 부모와 좋은 관계를 유지해 마음이 편안하고 좋은 기억을 많이 가지고 있는 아이가 공부를 잘하는 이유도 여기에 있습니다.

아이들이 공부를 못하게 되는 이유 중 하나는 불안해서, 즉 야단치고 때리는 부모의 눈치를 보거나 아니면 부모에게 대들고 신경전을 벌이느라 공부에 전념하지 못하는 경우입니다. 또 하나는 전심전력으로 노력해도 불안에 따른 스트레스 호르몬이 이미 해마체를 파괴해서 공부를 못하게 되는 경우입니다.

또한 스트레스로 편도핵이 손상되면 총체적인 감정 조절 기능에 장애가 생깁니다. 편도핵은 감정 조절을 주관하는 주요 기관 중 하나인데, 이 기능에 문제가 생기면 화가 나더라도 적당히 나지 않고 참을 수 없을 정도가 되는 것입니다. 별일이 아닌데도 비정상적으로 불안해 하고 무서워하며, 참을 수 있는 일인데도 참지 못하고 사사건건 짜증스럽게 반응합니다. 이렇듯 감정 조절이 안 되는 사람들을 두고 성격이 개차반 같다고 하지요. 그들 대부분은 어린 시절에 정서적 학대를 경험했을 가능성이 높습니다. 즉 정서적으로 소화하기 어려운 충격적인 경험이 지속적으로 스트레스를 유발해 뇌의 일부분이 파괴된 것입니다.

큰 사건은 그만큼 격렬한 감정의 골을 아이의 두뇌에 새겨놓습니다. 예를 들어, 매를 맞는 것과 같은 나쁜 경험은 극심한 공포라는 감정을 수반하고 스트레스 지수를 높입니다. 반대로 좋은 경험은 좋은 감정을 수반하고 즐거움과 쾌감을 느끼게 하는 호르몬을 분비시켜 행복하고 안정적인 느낌을 갖게 합니다. 이처럼 좋은 경험과 나쁜 경험은 한 번으로 끝나지 않고, 두뇌라고 하는 하드웨어 장치에까지 두고두고 영향을 미치는 것입니다

엄마의 자극은 아이의 뇌를 발달시키는 최고의 장난감

태아는 자궁에 있을 때부터 엄마의 목소리에 반응합니다. 자극을 받아들이는 감각기관은 태어나기 전부터 기능하는데, 생후 12개

월까지는 자극에 대해 주로 오른쪽 뇌가 반응을 일으키게 됩니다.

이 시기에 아이의 오른쪽 뇌를 활발하게 작동시키면서 기억을 만들어내는 경험은 무엇일까요? 그것은 아이가 갖고 있는 모든 감각기관, 즉 눈, 귀, 코, 입, 피부의 자극 그리고 아이의 몸에서 나오는 느낌입니다. 흔히 자극을 외부에서 유입되는 것으로만 인식하지만, 몸속에서 나오는 감각 정보, 다시 말해 배고픔, 불편함, 목마름 등도 외부에서 들어오는 자극과 함께 모두 뇌로 전달됩니다. 따라서 이 시기의 아이에게 필요한 경험은 아이의 다섯 가지 기본 감각기관을 충분히 자극하는 것이어야 하며, 동시에 아이의 몸속에서 좋은 느낌이 일어나도록 도와주는 것이어야 합니다.

흔히 아기와 이야기할 때는 일상적인 대화에서 사용하지 않는 높은 톤의 목소리를 자동적으로 사용하게 됩니다. 오직 아기와 대화할 때만 사용하는 목소리 톤은 아기의 청각을 가장 민감하게 자극하는 음역을 가지고 있습니다. 이처럼 독특한 목소리는 아기의 청각신경을 자극하고, 아이의 뇌는 소리에 대한 반응을 처리하면서 청각을 강화시켜 줍니다.

잘 알려진 바와 같이 갓난아기의 가시거리는 20센티미터 정도밖에 되지 않습니다. 그런데 이 거리는 놀랍게도 엄마가 아기를 안고 젖을 먹일 때, 서로 바라보는 엄마와 아기의 눈 사이의 거리와 일치합니다. 즉 갓난아기는 자신을 안은 엄마를 알아볼 만큼의 시력을 가지고 태어난다는 말입니다. 젖을 주는 엄마를 바라보는 만큼의 시력은 오랜 시간에 걸쳐 진행된 진화의 결과입니다. 엄마는 아기를 안고 젖을 먹이고 눈을 맞추는데, 이것이 다양한 자극이 되어 아기의 우뇌를 작동시키고, 결과적으로 아이의 시각 능력을 발달시키는 것이지요.

평형 상태가 깨져서 불안하고 불편하다, 평형 상태를 유지해서 기분이 좋다 등의 자극은 몸속에서 생기는 감각적 자극입니다. 가령 배가 고파지면 아기가 울도록 뇌가 신호를 보내는데, 아기는 우는 행동을 통해 엄마에게 자신의 상황을 알리고, 엄마는 아이에게 젖을 물려 배고픔을 해소시켜 줍니다. 목이 마르면 갈증을 인식하는 두뇌기관에서 물이 떨어졌으니 물을 보충하라는 신호를 보내는데, 이때도 아기는 울음을 통해 엄마에게 물을 먹여달라는 반응을 하게 되지요.

아기에 대한 엄마의 행동, 곁에 있어주기, 품어주기, 쓰다듬어주기, 젖 주기는 아기의 뇌를 자극해 좋은 호르몬과 좋은 신경 전달 물질을 분비시켜 체온을 유지하고 면역력을 키워주며 몸의 모든 기관을 건강하게 지켜줍니다. 예를 들어, 엄마가 따스하게 품어주고 아이의 피부를 부드럽게 쓸어주는 스킨십을 많이 해주면 이때의 촉감 정보가 아이의 뇌로 전달됩니다. 그러면 촉감에 의해 자극된 뇌는 신경 물질을 분비하고 회로를 형성하게 되는데, 그 신경 물질은 또 다른 뇌로 전달되고 다시 회로가 형성되면서 이런 과정이 반복됩니다.

실제로 이 아이가 성인이 되었을 때는 엄마와 스킨십을 많이 하지 않은 사람에 비해 면역력이 훨씬 강하다는 연구 결과도 나온 바 있습니다. 반면 엄마가 잘 품어주지 않은 아이는 체온이 떨어지고 몸의 정상적인 화학 작용이 둔화되어 발달이 늦습니다.

　반드시 기억해야 할 것은 아이의 생존과 성장에 필요한 모든 것을 엄마가 해주고 있다는 사실입니다. 엄마는 아이의 오감을 자극해서 아이의 몸이 평형을 유지하면서 건강하게 자랄 수 있도록 도와주는 절대적 존재입니다. 엄마로부터 좋은 보호와 자극을 받은 아이가 자라서 언어를 배우게 되면, 이 최고의 평형 상태를 말로 표현할 수 있게 되고 그것이 기분 좋은 것, 행복한 것임을 인식하게 됩니다. 언어 능력이 발달하기 전에 그와 같은 상태가 이미 아이의 몸속에 존재하고 있는 것이지요. 그런 상태를 만들어주는 것, 그것은 엄마의 뇌와 아이의 뇌의 공동 작업인 셈입니다.

| 2장 |

감정 표현은
생존의 필수 조건

1_ 감정이란 무엇인가?

감정은 자극에 대한 몸의 반응

감정이 무엇이라고 생각하나요? 이른바 '느낀다'고 정의할 수 있는 모든 것을 우리는 감정이라고 부릅니다. 슬픔, 분노, 공포, 쾌감, 놀라움, 혐오감, 부끄러움 등은 우리가 일상생활에서 느끼는 일반적인 감정입니다. 전 세계 모든 문화권에서 공통으로 느끼는 감정일 뿐 아니라, 최근 연구에서는 고릴라나 침팬지 같은 동물들도 이러한 감정을 느낀다고 주장하고 있습니다.

동물도 감정을 느낀다고 가정한다면, 인간의 감정이란 자연적으로 타고나는 속성이라 부를 수 있겠지요. 그렇다면 감정을 한마디로 정의한다면 무엇이라고 설명할 수 있을까요? 개인적으로 정의를 내린다면, 감정은 어떤 자극에 대한 몸의 반응이라고 말하고 싶습니다. 그 자극이 몸 안으로부터 온 것이든, 몸 바깥에서 들어온 것이든 자극에 대한 반응은 모두 '감정적 반응'입니다.

산길을 걷다가 뱀을 만났다고 가정해 볼까요? 우리의 뇌는 공포와 긴장을 일으키고 도망가도록 명령합니다. 이때 만약 뱀이 나에게 해로운 존재라는 판단을 재빨리 하지 못해 꾸물거린다면 다치거나 목숨을 잃게 되겠지요. 모든 자극에 대해서 생물체는 곧바로 '좋다, 나쁘다'를 구별해야만 살아남을 수 있습니다. 이는 좋은 자극은 쫓아가고, 나쁜 자극에 대해서는 저항하도록 프로그래밍되어 있다는 의미입니다. 이 과정은 말이나 생각으로 진행되는 것이 아니기 때문에 '감정적 반응'이라고 합니다.

단세포 생물에게는 '좋거나 나쁘거나'의 단순한 반응으로 충분하지만, 고등 생물로 진화할수록 이분법적인 단순한 반응만으로는 변화하는 환경에 유연하게 적응하기 어렵습니다. 우리의 뇌에도 주로 반사작용을 관장하는 뇌간[10]이라는 부분이 있습니다. 자극에 대한 반사작용을 관장하기 때문에 '파충류의 뇌'라고도 부릅니다. 사람이라는 동물이 환경에 적응하여 살아남기 위해서는 뇌간의 단순반사만으로는 부족하고 힘이 듭니다. 따라서 자극에 대한 몸의 반응 대역을 확장하고 이를 관장하는 변연계[11]라는 뇌를 발달시키도록 진화했습니다.

---

10 뇌의 가장 아래쪽에 있는 부분. 신체의 호흡과 심장 박동을 조절하는 생명 중추가 있고, 외부의 정보에 대해 의식이 깨어 있도록 유지해 주는 기능도 있다.

변연계에는 해마체와 편도핵 등이 포함되며, 해마체는 이미 앞장에서 단기기억을 장기기억으로 전환시켜 주는 역할을 한다는 것을 설명했습니다. 편도핵은 감정 조절에서 가장 중요한 기능을 수행하는 뇌이며 그중에서도 특히 공포 반응을 주관하는데, 최근 연구에서는 변연계가 인지 기능에도 많이 관여한다는 것이 밝혀졌습니다. 어쨌든 전통적으로 감정 조절을 대표하는 변연계를 '구포유류의 뇌'라고 부릅니다.

마지막으로 대뇌피질12 또한 감정 조절 기능에 관여합니다. 앞

---

11 대뇌와 뇌간 중간에 위치한 뇌. '구포유류의 뇌'라고도 한다. 감정, 싸우고 도망가는 방어 본능, 성적 본능 등을 관장하고 조절하는 뇌.
12 뇌의 가장 윗부분에 위치하며 인간의 뇌에서 가장 큰 부분으로 '신포유류의 뇌'라고도 한다. 좌우 두 개의 반구로 나뉘며, 대뇌는 주름진 두꺼운 신경세포층인 '피질'로 덮여 있다. 이 피질이 인간을 인간답게 만드는 부위인데, 이를 통해 창조, 이해, 평가, 대화와 이들을 종합하는 기능을 수행한다.

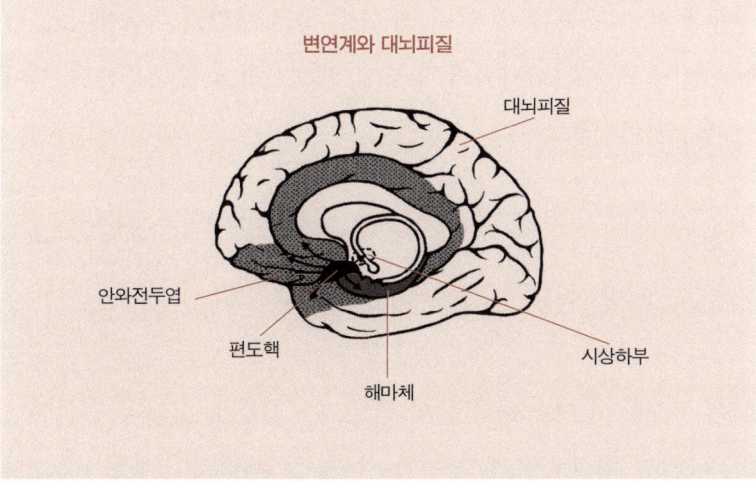

변연계와 대뇌피질

에서 설명한 것처럼 태어날 때 400g이던 갓난아기의 뇌는 첫돌 무렵에 1000g이 되는데, 이때 주로 성장하는 부분이 대뇌피질입니다. 뇌간과 변연계 등은 태어날 때 이미 상당히 성숙한 형태로 태어나기 때문이지요. 대뇌피질은 주로 생각, 말 등 인지 기능을 담당한다고 해서 '신포유류의 뇌'라고 부릅니다.

사람의 감정은 뇌간, 변연계, 대뇌피질이라는 이른바 뇌의 3엽이 모두 관여하면서 분화되고 발전합니다. 그렇다면 감정이 발달하는 목적은 무엇일까요? 바로 자극에 대한 몸의 반응을 다양하게 발달시켜 환경에 유연하게 적응하도록 하는 데 있습니다.

현대사회에서 '환경'이란 흔히 다른 사람과의 관계를 의미합니다. 건강한 뇌는 자연스럽고 솔직하게 감정을 느끼고 표현하게 해주며, 복잡한 상황에서 미묘한 몸의 반응들을 개별적인 감정으로 구별하여 그에 적절히 대응하게 해줍니다. 자신이 미묘한 감정을 느끼고 처리할 수 있기 때문에, 다른 사람의 마음에 충분히 공감할 수 있고 그 사람의 입장에서 생각하고 배려하는 능력이 생기는 것이지요.

기본 감정은 이미 타고난다

많은 부모들이 아이들의 몸의 반응, 즉 감정에 대해서 무심합니다. 아기는 제대로 느끼지 못할 것이라고 생각하기 때문이죠. 사내아이를 낳자마자 포경수술을 하는 것에 대해 어떻게 생각하나요? 어른들은 갓난아기가 고통을 기억하지 못할 거라고 생각하고 수술을 시키지만 실제로는 그렇지 않습니다.

뱃속의 태아는 엄마의 양수를 마시며 자랍니다. 그런데 엄마의 양수에 쓴 물을 넣는 실험을 해보았습니다. 뱃속에 있는 아기가 쓰다는 감각을 구별해서 반응하는지 알아보기 위해서지요. 실험을 해본 결과, 태아는 양수를 마시지 않았습니다. 실험자는 다시 달콤한 설탕물을 넣어보았습니다. 그랬더니 태아는 배가 빵빵해지도록 양수를 마셨습니다.

이 실험 결과가 무엇을 말해 주는 걸까요? 아기는 자신에게 좋고 나쁜 자극을 구분해 반응하는 능력을 지니고 있다는 것입니다. 뱃속의 태아조차 자신에게 좋고 나쁜 것이 무엇인지를 구분하는 것이지요. 전통적인 프로이트 심리학이나 정신분석학에서는 갓난아기는 '자아'가 없다고 가정합니다. 여기서 말하는 자아란 좀더 분화되고 성숙한 기능을 의미하는 듯합니다. 그러나 '자아'라는 것의 기능이 나의 생존에 필요한 판단과 반응을 하는 능력이라고 본다면, 태아 때부터 이미 '자아'를 가지고 있다고 보아야 합니다.

'자아'를 가지고 태어난 아기는 자신의 생존에 필요한 자극을 구분하고 반응하는 감정 기능을 갖추고 있습니다. 갓난아기의 뇌는 이미 3엽을 모두 갖추고 있으며, 특히 변연계는 거의 성숙한 형태를 갖추고 태어납니다. 기쁨, 슬픔, 분노, 쾌감, 공포, 놀라움,

혐오감의 7가지 기본 감정을 처리할 수 있는 능력을 태어날 때부터 지니고 있는 것이지요. 그러나 이 능력은 지속적인 훈련을 받아야 제대로 발달됩니다. 다시 말해 혼자서는 불가능하다는 말입니다. '혼자 있는 아기'는 없습니다. 아기가 있는 곳에는 반드시 엄마가 함께 있지요. 아기는 생존을 위한 모든 도구와 전략, 즉 훌륭한 자아를 가지고 태어나지만 엄마가 없으면 그 기능을 발휘하지도 발달시키지도 못합니다. 다시 말해 건강한 인간으로 제대로 살아남지 못한다는 말입니다.

세상에 처음 나온 갓난아기의 변연계 뇌는 7가지의 기본 감정을 처리할 수 있습니다. 아기의 뇌와 몸이 7가지 기본 반응을 할 수 있는 것이지요. 갓난아기는 '혐오감'이라는 감정을 어떻게 느낄까요? 나쁜 냄새를 맡으면 역겨운 느낌이 일어나는 것, 이것이 '혐오감'이라는 감정의 기저입니다. 갓난아기도 나쁜 냄새를 맡으면 무척 싫어합니다.

엄마의 역할은 아기가 모든 능력을 발휘하도록 자극을 제공하고 자극에 대한 몸의 반응에 의미를 부여하는 데 있습니다. 아기가 배가 고파서 기분이 나빠졌을 때, 엄마는 이를 재빨리 알아채고 아이에게 젖을 물립니다. 배가 부른 아기는 이내 기분이 좋아집니다. 이때 엄마가 "우리 아기, 배불러서 기분이 좋구나!" 하면서 활짝 웃으며 아기를 바라보면 아기는 이 느낌을 '기분 좋다'라고 부른다는 것을 알게 됩니다. 그러다 말을 배우면 기분이 좋다고 표현할 수 있게 되는 것이지요.

처음의 7가지 기본 감정, 즉 기본적인 몸의 반응들은 엄마와의 상호작용을 통해 세분화됩니다. 엄마와 충분히 상호작용을 한 아이는 자라서 몇백 가지의 감정 반응을 갖게 됩니다. 예를 들어 '섭섭하다'라는 감정 반응을 생각해 볼까요. 이것은 아기가 태어날 때 가지고 나온 기본 반응에는 없었던 감정 반응입니다. 그런데 엄마가 특정한 상황에서 특정하게 나온 아이의 반응에 대해 "너 섭섭하구나?"라고 대응해 주었습니다. 그때 아이는 어떤 감정을 느끼긴 했지만 어떻게 설명해야 할지 몰랐다가, 엄마가 이를 두고 "섭섭하다"라는 의미를 부여해 주면 이러한 느낌이 섭섭한 감정임을 배우게 됩니다. 엄마는 이처럼 아이의 몸이 보이는 감정적 반응을 언어화시켜 주는 중요한 존재인 것입니다.

성인이 된 우리도 감정 소통이 제대로 되지 않으면 얼마나 답답하던가요? 내 느낌은 이러이러한데 상대방이 몰라주거나 줄곧 다른 이야기만 한다면 말이지요. 기본적으로 대부분의 커뮤니케이션은 감정의 소통입니다. 따라서 감정적 커뮤니케이션이 안 되면 감정적 반응이 나올 수밖에 없습니다. 자신의 마음을 몰라주면 답답하고 짜증스럽고 화가 납니다. 급기야는 상대방이 미워지기도 하지요. 논리적, 인지적 커뮤니케이션이 이루어지지 않으면 차근차근 설명하거나 가르치면 해결됩니다. 그러나 감정적 커뮤니케이션의 불통은 부정적인 감정 반응을 불러올 뿐입니다.

솔직한 감정 표현이 성격 좋은 아이를 만든다

부모는 아이가 기본 감정을 잘 느끼고 표현하도록 북돋워주어야 합니다. 아이가 기본 감정을 잘 느끼고 표현하게 하는 데 가장 중요한 것은 '아이의 감정을 인정해' 주는 것입니다. 잘 느낄 수 있도록 충분히 좋은 자극을 주고, 그것이 어떤 것인지 의미를 부여하면서 언어화하도록 도와주는 것, 다시 말해 아이가 느끼는 것을 인정하고 존중해 주는 것입니다.

그런데 매우 엄격한 부모들이 있습니다. 이치에 맞게 정확히 말하고, 아이에게도 분명하게 판단해 주지요. 그러나 도무지 감정적인 반응은 보이지 않습니다. 아이에게도 감정 반응을 아예 하지 못하도록 억누르고 감정 반응을 보이면 혼을 냅니다. 주위를 둘러보면 이런 분들이 생각보다 꽤 많습니다.

아이들은 자극에 대해 솔직한 반응을 보이는 것인데, 엄격한 부모들은 이런 감정 반응을 꺼린 나머지 아예 하지 못하게 합니다. 아이는 화가 나서 소리를 지르는데, 부모는 매를 들고 조용히 하라며 다그칩니다. 또 아이는 신이 나서 떠들고 싶은데, 부모는 "떠드는 거 아냐! 조용히 해!"라고 이야기합니다. 화가 나는데, 신이 나는데 표현하지 못하게 하면 아이들로서는 왜 그래야 하는지 이유를 알 길이 없지요. 현명한 부모라면 "야, 너희들 재미있나보구나! 그렇게 신나는 게 있었어?"라고 반응하며 아이들이 보내는 신호를 알아채고 그러한 감정을 인정해 주어야 합니다. 더불어

"그런데 여기서 그렇게 큰 소리를 내면 다른 사람들이 놀라서 싫어한단다. 20분쯤 있다가 바깥으로 나갈 거니까 그때 맘껏 소리치면서 놀자"라고 말하면서 아이의 감정 반응, 즉 몸의 반응이 제대로 기능하고 있다는 것을 인정해 주고, 왜 다른 사람을 고려한 행동을 해야 하는지도 알려주어야 합니다.

대부분의 부모가 그렇듯이 "무조건 떠들어서는 안 된다"고 강요한다면 아이는 어리둥절해질 수밖에 없습니다. 발산되는 감정을 어떻게 처리해야 할지 몰라 혼란스러워지는 것이지요. 자연스러운 감정 반응을 물리적으로 억제하는 것은 인간의 기능을 망가뜨리는 일이나 다름없습니다. 아이의 감정을 잘 읽고 공감하며 반응해 주는 것은 아이를 건강한 사람으로 자라게 하는 일련의 과정임을 명심해야 합니다.

세 살짜리 아이가 바깥에서 놀다가 풍뎅이를 잡아왔습니다. 아이는 신기하고 재미있어서 엄마에게 달려와 보여줍니다. 그런데 엄마는 "야 이 녀석아! 어디서 그런 걸 가져왔어. 버려! 병 걸려"라며 아이의 이런 행동이 잘못됐다고 혼을 냅니다. 아이는 자기가 풍뎅이를 보고 느낀 감정을 엄마에게 이해받지 못하고 오히려 혼만 난 셈이지요.

만약 엄마가 "야, 예쁘구나. 참 신기하네! 어디서 잡았어? 그런데 집 안에 두면 오래 살지 못하고 병균이 옮을 수 있으니까 조금 이따가 놓아주자"라고 반응했다면 어땠을까요? 엄마와 재미있고 신기한 감정 반응을 나눈 뒤 자신의 감정에 대해 설명을 듣고 자기가 느끼고 있는 감정을 이해받은 아이는 풍뎅이를 잠시 가지고 놀다가 순순히 놓아주겠지요.

이런 경우 풍뎅이를 집으로 가져가느냐 가져가지 않느냐는 중요하지 않습니다. 그보다는 아이가 느낀 감정을 인정해 주고, 아이가 스스로 그 느낌을 처리하도록 도와주는 것이 중요합니다. "어디서 잡았니? 갖다 버려"라고 말하는 것은 아이가 기다리던 반응에 찬물을 끼얹는 것이나 다름없습니다. 아이의 감정 경험에 대한 부모의 원칙은 '반응적 경청'이어야 합니다. 아이의 말을 귀 기울여 들어주고, 아이의 감정에 적극적으로 공감한 뒤 반드시 반응해 주어야 합니다.

기본적으로 부모는 아이에게 살아가면서 일어나는 거의 모든 일들이 재미있다고 가르쳐야 합니다. 비가 오면 아이는 신이 나서 아빠와 비를 맞으며 팔짝팔짝 뛰어놉니다. 그러면서 즐거움과 쾌감을 경험하게 되지요. 아빠와 빗속에서 뛰는 경험은 아이에게 평생토록 재미있는 일로 기억되고, 세상의 모든 일도 이처럼 재미있을 거라는 기대를 하게 합니다. 제가 다섯 살 되던 해 겨울, 하늘에서 함박눈이 쏟아졌습니다. 아버지께서는 우리 형제들을 마당으로 데리고 나가 큰 그릇에 눈을 받으셨지요. 그러고는 거기에 설탕을 넣어 빙수를 만들어주셨는데 어른이 된 지금까지도 그때의 즐거웠던 기억이 생생합니다.

세상이 재미있는 곳이라는 느낌은 감정을 기반으로 상호작용을 할 때, 그리고 감정이 충분히 일어나고 그 감정을 부모와 공유할 때 자연스럽게 생겨납니다. 여러 가지 다양한 감정이 기본 감정에서 분화되어 나오고, 우리는 경험을 통해 이것을 배웁니다. 만일 부모와 감정 반응을 자주 나누고 충분히 표현하는 경험을 했다면, 이를 통해 다른 사람의 감정에도 충분히 반응하고 공감할 수 있게 됩니다. 요컨대 솔직하게 감정을 표현하면서 자란 아이들이 성격이 좋아질 수밖에 없고, 다른 사람을 배려하고 공감하는 능력도 갖추게 되어 풍부하고 건강한 대인관계를 구축하게 되는 것입니다.

또한 감정을 자제해야 하는 경우라도 무조건 못 하게만 막는다면 아이는 혼란스러울 수 있습니다. 우선 아이의 감정을 인정한 뒤에 아이가 이해할 수 있도록 차분히 설명해 주세요. 무조건 야단만 맞고 자란 아이들은 어른이 되어서도 감정을 지나치게 억제하고, 다른 사람의 감정 표현을 받아들이는 것도 몹시 힘들어합니다. 앞서 말씀드린 대로 감정은 우리 몸의 상태를 알려주는 신호라고 생각하세요. 이 신호는 무조건 억제할 것이 아니라, 이 신호가 나에게 무엇을 전달하려는 것인지 침착하게 분석한 후 억제할 것인가, 표현할 것인가, 표현한다면 어떻게 건설적으로 표현할 것인가를 생각해야 합니다. 감정이 신호를 보낼 때 겁부터 내고 무조건 억제하려고만 한다면 건강한 대인관계를 만들어나가기가 어렵지 않을까요?

2_ 감정 표현은 부모와 아이를 이어주는 연결 고리

아무것도 느낄 수 없었던 아버지의 고통

어떤 감정도 느낄 수 없어서 고통스러워하던 40대 아버지가 있었습니다. 뛰어난 연구 성과를 일궈내 사회적으로도 성공한 사람이었지요. 그런데 그의 어머니가 갑자기 암에 걸려 죽어가고 있었습니다. 설상가상으로 그의 절친한 친구도 병이 들어서 사경을 헤매고 있었지요. 어머니와 친구가 죽어가고 있는데도 그는 아무것도 느끼지 못했습니다. 슬픔도 안타까움도 느껴지지 않았습니다. "이건 뭔가 단단히 잘못되었어요. 저는 달라지고 싶습니다. 어머니와 친구가 죽어가는데도 이렇게 무덤덤할 수 있는 건가요?" 그에게 불현듯 삶이 공허하다는 느낌이 엄습해 왔습니다.

주위 사람들은 신이 나서 깔깔거리고 웃는데 그는 거기에 끼어

본 적이 없었습니다. 아내와 아이들이 웃으면서 이야기하고 TV를 보면서 재미있어해도, "뭐가 그렇게 좋아?"라고 한마디 하고는 머쓱해져서 방으로 들어가버리곤 했지요. 단순히 사교적이지 못하고 내성적이어서 다른 사람과 어울리지 못하는 거라고 생각한 그는 오직 일과 사회적 성공에만 매달렸습니다. 물론 그 또한 자신의 부모와 재미있게 이야기하거나 놀아본 경험이 없었지요.

"부모님은 엄격하고 도덕적인 분들이었어요. 어떤 일을 하더라도 항상 잘해야 한다는 것을 강조하셨죠. 어떤 행동은 옳고, 어떤 행동은 옳지 않다는 점에서 철저한 분들이었어요." 사춘기 무렵, 그의 아버지가 세상을 떠났을 때도 청교도적인 그의 어머니는 아들이 슬퍼하지 못하게 했습니다. 장례식을 치른 후에도 수십 년 동안 그는 아버지의 죽음에 대해 단 한 번도 가족들과 이야기를 나눈 적이 없었습니다. 그의 어머니가 아버지의 죽음을 입에 올리지 못하게 했기 때문이지요. 그와는 다르게 감성이 풍부했던 그의 아내는 아이들과 잘 놀고 친하게 지냈지만 그 자신은 언제나 가까이 가지 못하고 주변만 겉도는 느낌이었습니다.

그 후로 오랫동안 고통스러운 치료를 통해 그는 어린 시절로 돌아가 자신의 기억을 정리하기 시작했습니다. 부모와의 사이에 있었던 경험에 대한 그의 느낌, 시각적인 이미지, 몸의 반응들을 기억해 내는 연습을 거듭한 것이지요. 논리적인 부모님 때문에 감정 반응이 억제되어 발달하지 못한 우뇌와, 그에 비해 지나치게 발달한 좌뇌의 정보를 가지런히 통합해 나가는 치료가 이루어졌습니다.

수개월에 걸친 치료 끝에 그는 전에는 느껴보지 못한 새로운 감정을 경험하게 되었습니다. 섬으로 가족여행을 떠나 딸과 함께 수영하면서 딸이 재미있어하고 즐거워하는 것을 느끼게 되었지요. 그 순간 딸과 연결되어 있다는 느낌과 함께 행복하고 즐거운 감정이 그의 마음속에서부터 차올랐습니다.

"물에서 나왔을 때, 딸이 나에게 말했어요. '아빠 모습이 너무 재밌고 웃겨! 정말 웃겨!' 나에게 관심을 갖고 재미있다고 말해 주는 딸 덕분에, 한 번도 느껴보지 못한 전혀 새로운 느낌, 그러니까 가슴속에서 기분 좋은 느낌이 밀려오고 그 순간 내 몸이 떨리는 것을 경험했어요."

수영하는 동안 딸에게 한마디 말도 하지는 않았지만, 자신의 감정을 주목하고 인정해 준 딸 때문에 생전 처음 쾌감으로 몸이 떨렸던 것입니다. 그는 진심으로 행복했고, 딸과 감정을 나눔으로써 몸이 생생하게 반응하는 것을 느낄 수 있었습니다.

그런 경험이 있은 후, 그는 아버지가 돌아가셨을 때 자신이 얼마나 비통했는지를 깨닫게 되었습니다. 당시 그가 아버지의 상실 때문에 얼마나 두렵고 슬펐는지 기억하게 되면서 지금 죽어가는 어머니와 친구에 대해서도 실제로는 두려워하고 슬퍼하고 있다는 사실을 자각하게 된 것입니다.

나쁜 감정은 드러내서는 안 된다?

노스님과 수행승이 산길을 걷고 있는데 어디선가 고기 굽는 냄새가 났습니다. 이에 노스님이 "고기 냄새가 참 좋구나"라고 말했습니다. 수행승은 중이 고기 냄새를 좋아하다니 노스님이 노망이 난 거라고 내심 생각했지요. 산을 내려오자 수행승은 노스님께 어떻게 그럴 수 있느냐며 따졌습니다. 그런데 오히려 노스님은 역정을 내면서 수행승에게 "아직도 고기를 놓지 못했느냐!"고 질책했답니다.

노스님은 고기 냄새를 맡고는 고기 냄새가 좋다고 표현한 것입니다. 노스님의 뇌는 제대로 기능하는 건강하고 훌륭한 뇌라는 의미이지요. 좋은 자극이 들어오면 좋다고 하고, 싫은 자극이 들어오면 싫다고 하는 것은 자연스럽고 건강한 반응입니다. 자극을 받은 다음에 어떻게 해나갈 것인지는 자극에 대해 자연스럽게 반응한 후에 의논할 일입니다. 노스님은 고기 냄새가 좋다고 했지만 고기를 먹겠다고 하지는 않았습니다. 마찬가지로 싫은 자극에 대해서는 싫다고 표현할 수 있어야 합니다.

많은 아이들이 공부하기 싫다고, 학교에 가기 싫다고 부모 속을 태웁니다. 그러면 부모들은 아이들 입에서 공부하기 싫다는 말조차 나오지 못하게 싹을 자르려고 합니다. 아이들은 여러 학원을 전전하는 것이 너무 힘든 데다 공부한 만큼 성적도 오르지 않아서 초조해 합니다. 공부하기 싫다고 하는 것도 모두 그 때문이지요. 그런데 아이의 볼멘소리를 듣는 부모는 이미 아이가 공부를 포기하기라도 한 것처럼 아이를 다그칩니다.

현명한 부모라면 공부가 하기 싫은 아이의 마음을 인정해 주고, 그 싫은 감정이 어느 정도인지를 진지하게 물어봐주어야 합니다. "공부하기 싫은 마음은 당연한 거고 잘 알겠지만, 학생이 공부를 하지 않으면 어떻게 하겠니"라고 먼저 말한 뒤에 차근차근 의논해 본다면 공부하기 싫다고 투정 부리던 아이와 사생결단을 내듯이 싸우지는 않을 것입니다.

앞서 사례로 든 40대 아버지의 경우, 10대의 예민한 사춘기에 아버지를 여의었습니다. 그런데 그의 어머니는 아버지의 죽음을 입에도 올리지 못하게 했습니다. 아버지의 상실로 아이의 마음속에는 당연히 분노와 슬픔, 비탄과 두려움이 밀려왔을 텐데도 말입니다. 그렇지만 아이는 그 어떤 감정 반응도 겉으로 표현하지 못했습니다. 몸은 슬픔과 두려움으로 불안에 휩싸이고 스트레스 호르몬이 분비되는데도 달리 해소할 방법이 없었던 거지요. 만일 어머니와 같이 슬픔을 나누고 애도하는 과정을 가질 수 있었다면, 몸이 보내는 어떠한 감정적 신호도 처리할 수 없을 만큼 힘들지는 않았을 것입니다.

동생을 편애하는 부모 때문에 속이 상한 아이가 있었습니다. 엄마는 언니이기 때문에 무조건 양보해야 한다고 했습니다. 그러나 아이는 엄마의 불공평한 처사에 억울하고 화가 났습니다. 그래서 엄마에게 동생이 죽어버렸으면 좋겠다고 말했지요. 과연 이 엄마는 어떻게 반응했을까요?

사사건건 동생과 충돌하고 언니답게 행동하지 않는다는 이유로 평소에 큰아이를 못마땅하게 생각한 엄마는 동생을 죽이겠다는 말에 격분한 나머지 이 아이를 모질게 체벌하고, 그래도 분이 풀리지 않아 대문 바깥으로 쫓아내 벌을 세웠습니다. 엄마는 마치 큰아이가 정말로 동생을 죽이기라도 한 것처럼 불같이 화를 내고 아이를 다그친 것입니다. 아이는 자신이 얼마나 억울하고 분한지, 동생이 얼마나 얄미운지를 이야기하고 싶었던 것인데 말이지요.

아이가 얼마나 분하고 슬펐던지 아파트 옥상에서 뛰어내리고 싶었다고 말했습니다. 자신의 억울한 마음은 알아주려 하지 않고, 모질게 때리고 밖으로 쫓아낸 엄마가 얼마나 원망스러웠을까요?

"공부하기 싫어", "학교 안 가", "동생을 죽일 거야"라는 표현은 모두 아이들이 부모에게 보내는 감정 신호입니다. 아이들은 아직 성숙한 어른이 아니기 때문에 자신의 욕구를 어른처럼 세련되게 순화해서 말하기 어렵습니다. 그런데 부모는 아이가 내뱉은 말에 너무 놀란 나머지 마치 아이가 정말 그렇게 하기라도 한 것처럼 무조건 야단치고 매정하게 벌을 줍니다.

"너 그렇게 꽥하고 소리 지르는 걸 보니 동생에게 단단히 화가 난 모양이구나. 뭐가 그렇게 너를 화나게 했니? 그런데 그렇게 소리 지르고 욕하면 동생도 깜짝 놀라고 화가 난단다. 네가 화가 났다고 해서 다른 사람도 화나게 하는 건 좋은 방법이 아니지. 동생에게 화풀이하고 싶은 거니, 아니면 동생이 너를 화나게 한 문제를 풀고 싶은 거니?"

　현명한 부모라면 이렇게 먼저 아이의 감정을 인정해 준 후에 감정을 표현하는 방법에 대해 이야기를 풀어나가야 합니다.

어떻게 아이와 감정을 맞출 수 있을까?

부모가 아이의 세세한 감정에 일일이 맞추기 위해 애쓸 필요는 없습니다. 그저 아이와 재미있게 놀아주는 것만으로도 충분하지요. 모든 감정적 반응은 지극히 자연스러운 것이어서 거부하거나 부정하지 않는 것이 중요합니다.

　비서로 일하는 20대 여성이 치료를 받으러 왔습니다. 일을 잘하니까 상사가 계속 일을 주었다고 합니다. 그녀는 그 일을 하기 위해서 야근도 하고 주말도 반납해 가며 주어진 일을 완벽하게 해냈습니다. 급기야는 다른 사람의 일까지 떠맡게 되었습니다. 결국 과중한 업무를 견디다 못한 이 여성은 정신과 치료를 받는 지경에 이르렀지요.

　"왜 일이 너무 많아서 힘들다는 말을 못 합니까?"

　"상사가 나를 싫어하게 되고, 야단맞을까봐 못 하겠어요."

　이 여성은 어렸을 때도 엄마 심부름하는 걸 지독히도 싫어했는데, 엄마가 무서워서 좀처럼 싫다는 소리를 못 했다고 합니다. 심부름을 거절했다가 엄마에게 크게 혼이 난 적이 여러 번 있었기 때문입니다. 이 여성은 싫다는 소리를 못 하게 하는 어머니 때문에 심한 심리적 갈등에 휩싸였을 테고, 갈등을 해소하는 방법으로 엄마의 비위를 맞추는 전략을 택했을 것입니다. 엄마가 하라는 것은 절대로 싫다고 하지 않고 무조건 다 한 것이지요. 엄마는 아마도 말 잘 듣고 군소리 없이 심부름 잘하는 딸을 착하다며 칭찬해주었을 것입니다.

비위를 맞추었더니 엄마가 '기분 좋게' 반응했던 터라, 이 여성은 더욱 앞장서서 엄마의 비위를 맞추는 '애어른'이 되어갔던 겁니다. 그녀는 애어른처럼 굴어서 엄마의 기분 좋은 반응을 끌어내긴 했지만 그녀 자신의 기분은 점점 더 나빠지고, 그런 행동을 유도하는 엄마가 한없이 미웠습니다. 그런 성장 과정을 경험한 이 여성은 어른이 되어 사회에 나가서도 엄마와의 관계에서 보였던 패턴을 직장 상사와의 사이에서도 그대로 반복하게 된 것입니다. 그녀는 상사의 비위를 맞추려고 노력하면서도 상사가 미워지는 마음을 감출 수 없었지요.

아이가 자신의 감정 반응을 솔직하고 편안하게 표현할 수 있게 하는 것이 부모가 아이에게 베풀어줄 수 있는 최고의 덕목입니다. 특히 분노와 같은 격한 감정은 부모라는 울타리 안에서 표출될 때 안전하게 표현될 수 있다는 사실을 기억하세요.

부모는 아이로 하여금 세상의 모든 일이 재미있다는 생각을 갖도록 도와줘야 합니다. 부모가 아이와 함께 재미있는 일을 하고, 그 재미를 진심으로 나누기만 하면 됩니다. 아이와 마주 웃어주고 몸으로 신나게 놀아주는 이 모든 놀이가 아이의 감정 반응을 건강하게 표현하게 하는 길이며, 아이의 뇌를 건강하게 발달시키는 일임을 잊지 말아야 합니다. 그런데 특히 분노와 같은 감정에는 부모가 반응해 주기를 꺼립니다. 심지어는 분노가 아예 밖으로 드러나는 것조차 허용하지 않는 경우도 허다하지요. 화가 나 있는 아이의 마음에 반응하고 공감해 주는 것이 가장 중요한데도 말입니다.

아이의 말에 귀를 기울여서 화가 났음을 인정해 주되, 표현하는 방법에 대해서는 아이와 진지하게 이야기해야 합니다. 상대방이 자신의 분노를 알고 그것을 해결하는 방법을 찾을 수 있도록, 적절한 수준에서 분노를 표현하게끔 지도해야 한다는 말입니다. 그러기 위해서는 부모도 자신의 감정에 솔직해야 하고, 자꾸 표현해야 합니다. 단, 표현하되 폭력적으로 하지 말고 타협이 가능한 수준에서 해야 하지요. 아예 문제가 생기지 않도록 하는 것은 불가능합니다. 문제는 언제나 곳곳에 도사리고 있으니까요. 문제가 일어났을 때 이에 현명하게 대처하는 방법을 몸소 실천하여 아이들이 보고 배우게 하는 부모의 자세가 무엇보다 중요합니다.

| 3장 |

머리가 좋다는 것?
환경적응력이 뛰어나다는 것

1_ 환경적응력은 남의 도움을 받는 능력

공부의 원천은 호기심

다른 사람을 볼 때 반가운 마음이 드는 아이는 자연스럽게 세상에 대한 호기심을 갖게 됩니다. 새로운 곳에 가면 탐구해 보려는 마음에 눈을 반짝이고, 낯선 곳에서 새로운 상황에 처하게 되더라도 겁을 내기보다는 재미있으리란 기대감과 문제가 생기면 다른 사람이 도와주리라는 믿음이 있어 즐겁게 받아들입니다.

제가 미국에서 30여 년간 의사 생활을 하고 우리나라로 돌아와 처음으로 레지던트 10여 명을 위해 강의를 시작했을 때의 일입니다. 10여 명이면 그리 많은 숫자는 아니지만 함께 공부하기에 좋은 규모였다고 생각합니다. 그런데 강의 첫 시간부터 레지던트들이 제 얼굴을 똑바로 쳐다보지 않는 것이었습니다. 강의를 진행하거나 사례 토론을 할 때도 교재나 자료만 들여다볼 뿐, 저하고는 눈을 맞추려 하지 않았습니다. 처음에는 아직 친해지지 않아서 그런가보다 생각했지요.

앵무새처럼 혼자 떠드는 게 재미없어서 좀 쳐다보라고 해도 도무지 쳐다보질 않기에 학생들에게 한 가지 제안을 했습니다. "쳐다보지 않으면 질문하겠습니다." 이 말에 학생들이 일제히 저를 쳐다보더군요.

어느 정도 시간이 흘러서 친해진 후에 그들에게 "도대체 왜 눈을 맞추지 않고, 쳐다보지도 않는 건가?" 하고 물어보았습니다. "쳐다보면 질문하실 테고, 대답을 제대로 못 하면 혼날 것 아닙니까?" 레지던트들의 대답은 한결같았습니다. 저와 눈이 마주치기도 전에 야단맞을 것이 겁이 나서 아예 쳐다보지도 않겠다고 생각한 것입니다. 이는 어릴 때부터 자기 생각을 편안하게 이야기해 보지 못했기 때문에 생겨난 결과입니다. 야단맞을까봐 무섭고 조롱당할까봐 두렵다면, 새로운 것에 대한 호기심이나 도전해 보겠다는 마음이 생길 틈이 없겠지요.

저는 다섯 살 때 '농담'이라는 단어를 처음 알게 되었습니다. 당연히 그 말을 써보고 싶었겠지요. 마침 우리 동네에 온 엿장수 아저씨에게 "아저씨, 농담하지 마세요"라고 말했습니다. 수십 년 전의 옛날 이야기지만 그 아저씨의 말씀을 지금까지도 또렷이 기억하고 있습니다. "그놈 참! 조그만 녀석이 대단하구나. 어디서 그런 어려운 말을 배웠냐? 기특하다." 아저씨는 다섯 살짜리 소년의 나이에 맞지 않는 어려운 단어 구사에 재미있어하며 오히려 칭찬해 주었습니다.

만약 그 아저씨가 "이 녀석, 밤톨만 한 놈이 어른에게 무슨 되바라진 소리냐! 누가 그렇게 가르쳤어?" 하고 반응했다면 어린 저에게는 '새로운 말을 알게 되더라도 다른 사람에게는 쓰면 야단맞는구나'라는 나쁜 기억이 남았을 것입니다.

이런 경험이 되풀이되면, 아예 새로운 시도도 해보려 하지 않고 세상에 대한 호기심도 없어질 수밖에 없지요. 호기심을 드러내봤자 야단만 맞을 테니 안전하게 시키는 것만 하자는 생각이 습관처럼 자리 잡게 되고, 어려운 문제가 닥쳐도 내 힘으로 풀 수 있다는 자신감이 사라지게 될 테니까요.

환경적응력이 뛰어나야 공부를 잘한다

아이가 지식을 습득하는 능력은 뇌의 성장 속도에 맞춰 천천히 발달합니다. 고등 수학, 고등 물리 등은 최소한 중학교 고학년 정도의 머리는 되어야 이해할 수 있는 지식인데, 그것을 남보다 빨리 가르치고 싶어서 초등학교 때 가르친다고 해도, 아이는 전혀 이해할 수 없을뿐더러 말썽만 일으키게 됩니다.

소위 뛰어난 지능을 가졌다는 것이 무엇을 의미하는지 생각해 봅시다. 머리가 좋다는 것은 환경에 적응하는 능력이 뛰어나다는 것을 의미합니다. 아이에 대한 모든 지적인 자극에는 환경에 적응하고 문제를 해결하는 능력을 키워준다는 목적이 따라야 합니다. 전 과목 100점을 받고 영어 단어를 아무리 잘 외운다고 해도, 그것을 제대로 쓰지 못하면 아이에게는 쓸모없는 도구를 주는 것이나 마찬가지입니다.

지능은 공부하는 능력이 아닙니다. 주어진 환경에 적응하는 능력이지요. 환경에 적응한 사람은 살아남고, 적응하지 못한 사람은 도태되어 온 것이 삶의 법칙이었습니다. 아주 오랜 옛날, 농경이 시작되기 전 사회에서는 사냥 잘하고 과일 잘 따는 사람이 무리의 우두머리가 되었고, 그렇지 못한 사람은 남의 것을 얻어먹으면서 살아야 했습니다.

오늘날 부모들이 아이들을 공부시키는 이유는 좋은 직업을 갖고 편하게 살기를 바라는 마음에서입니다. 공부를 잘하고 좋은 성적을 얻는다는 것은 환경에 적응하기 위한 하나의 수단이지, 그 자체가 아이의 환경적응력을 의미하는 것은 결코 아닙니다.

여기서 '환경'의 문제를 한번 생각해 볼까요. '나'를 둘러싼 '나' 아닌 나머지는 모두 환경입니다. 집, 학교, 직장 등 사회라고 부를 수 있는 것과 문화적, 정신적 유산까지 모두 환경이라고 정의할 수 있습니다. 가장 중요한 환경인 사회에 적응한다는 것은 결국 다른 사람들과 잘 지낸다는 의미로 단순화할 수 있습니다. 아이가 최초로 접하는 환경은 바로 집이며, 최초로 접하는 다른 사람은 부모와 형제, 즉 가족입니다. 가정에 불안함이 없이 잘 적응한다면 사회에 나가서도 무리 없이 적응하며, 공부 역시 사회에 적응하기 위한 하나의 방법으로 받아들이게 됩니다.

따라서 최초의 환경인 가정에 잘 적응해서 기분이 좋았다는 경험을 하는 것이 매우 중요합니다. 엄마와 밥 먹고, 놀고, 옷 입고, 목욕하고, 잘 때 재미있고 편안하게 잘 적응했다면, 그래서 엄마가 칭찬해 주고 아이도 행복해 하면서 기분이 좋았다면, 이러한 경험은 모두 성취감으로 쌓여갑니다. 이런 아이는 무언가 궁금하고 호기심이 생길 때마다 엄마와 아빠에게 편안하게 "이게 뭐야?"라고 물어볼 수 있습니다.

아이가 자라서 학교에 가더라도 선생님에게 스스럼없이 질문할 수 있지요. 이런 아이는 어려운 일이 생길 때 선생님께 가장 먼저 도움을 청합니다. 엄마가 자신에게 해준 것처럼 선생님도 자신을 도와주리란 믿음이 있기 때문입니다. 그러나 집에서 엄마에게 편안하게 물어보지 못한 아이는 학교에서도 선생님에게 제대로 질문하지 못하고, 호기심이 생겨도 해결할 방법을 찾지 못합니다. '물어보면 엄마에게 야단맞았다, 선생님도 그럴 것이다'라는 잠재의식이 뇌에 학습되어 있기 때문입니다.

수렵을 하던 원시시대에는 사냥을 잘하는 사람이 머리가 좋은 사람, 즉 적응력이 뛰어나서 무사히 살아남을 사람으로 여겨졌습니다. 사냥을 잘하려면 사냥감인 동물들의 특성을 정확히 파악해야 하고, 날씨나 사냥 장소 등 주위 환경에 대해서도 풍부한 경험과 지식이 있어야 합니다. 게다가 덩치가 큰 사냥감은 다른 사람들의 도움을 받아 같이 잡아야 합니다. 다른 사람을 이해하고, 그 사람을 움직일 만한 능력이 없다면 불가능한 일이겠지요.

사람은 오랜 세월 동안 무리 지어 생활해 왔습니다. 사람은 혼자서는 살 수 없고 누구든지 다른 사람의 도움을 받으며 살아야 하지요. 그런 의미에서 적응이란 나도 다른 사람의 도움을 받아 살아가는 것이고, 다른 사람 역시 나의 도움을 받아 살아가는 것입니다.

IQ 140인 사람이 다른 사람보다 지능이 뛰어나서 공부도 잘하고 좋은 직업도 가졌다 하더라도, 남의 도움을 청하지 않는 독불장군이라면 그 사람의 최종적인 환경적응력은 140에 불과합니다. 그러나 IQ 100의 평균 지능을 갖고 태어났다고 하더라도 다른 사람의 마음을 잘 헤아리고 존중해서 사이좋게 지낼 뿐 아니라 그 사람의 도움을 편안하게 청할 수 있다면, 결과적인 환경적응력은 200도, 300도 될 수 있습니다. 단순화해서 정리하면, IQ가 좋아서 공부도 잘하고 사회적으로 성공했다 하더라도 다른 사람의 마음을 읽고 배려하면서 사이좋게 지내는 능력이 없다면 결코 행복할 수 없습니다.

저는 6남매의 다섯째로 태어났지만 자랄 때 부모님은 물론이고 형님이나 누님이 저를 부려먹는다는 느낌을 받은 적이 없습니다. 저 역시 동생을 부려먹어야겠다고 생각한 적이 없고요. 누가 도와달라고 하면 당연히 도와주었고, 저 역시 형제에게 부탁할 일이 있으면 도와달라고 하는 것이 조금도 부담스럽지 않았지요. 부림을 당해서 억울하다, 그래서 나도 동생을 부려먹어야겠다는 생각은 단 한 번도 해본 적이 없습니다.

스스로 해결하지 못하는 문제에 직면했을 때 자연스럽게 다른 사람의 도움을 요청할 수 있는 능력, 그것이 바로 환경적응력의 핵심입니다. 그러므로 힘들 때 남에게 도움을 받으며 살아갈 수 있는 능력을 키워주는 것이 부모가 아이에게 해주어야 할 가장 중요한 임무입니다. '다른 사람과 있으면 재미있고 편안하다. 내가 정말로 어려울 때는 다른 사람에게 도움을 요청하면 된다'는 믿음은 어릴 때부터 형성되는 것입니다. 이런 믿음을 유지하면서 중고등학교에 진학하게 되면, 타고난 지능에다 다른 사람에 대한 '나의 태도'가 더해져 최종적인 능력이 드러나게 됩니다. 여기에서 '나의 태도'란 '환경'이 주어지면 흔쾌히 '그래, 한번 해보지 뭐' 하며 도전하는 태도이며, 시도해 보다가 큰 난관에 부딪혔을 때 다른 사람에게 SOS를 보낼 수 있는 태도입니다.

지능을 주관하는 뇌의 사령탑, 전전두엽

지능이 좋다고 할 때, 기억력이 좋아서 뭐든 잘 외운다든지 수리적 능력이 월등해 숫자 계산에 밝다든지 하는 특정한 기능만으로 이해하고 있지는 않은가요? 재주와 기술이 뛰어난 것과 머리가 좋다는 것에는 차이가 있습니다. 뇌 발달의 관점에서 지능이란 주어진 환경에 대한 뇌의 적응 능력을 말합니다. 이는 특정한 기능을 의미한다기보다는 각각의 기능을 뛰어넘는 총체적인 환경적응력을 의미합니다.

환경적응력은 전전두엽[13]이라는 뇌가 담당합니다. 전전두엽은 말 그대로 뇌의 맨 앞부분에 있으며 가장 늦게 성숙하고, 사춘기를 지나 20대 중반까지 천천히 발달하는 부분입니다. 전전두엽의 기능이 뛰어난 사람을 '머리 좋은 사람'이라고 부르는 것이지요.

뇌는 뒤쪽에서 앞쪽으로 발달합니다. 뇌의 뒤쪽은 주로 시각, 청각 등 감각적 정보를 처리하는 감각 정보 센터와도 같습니다. 지능을 담당하는 전전두엽이 제대로 기능하기 위해서는 좌뇌와 우뇌가 서로 원활하게 정보를 교환해야 합니다. 이를 위해 우리의 뇌는 좌뇌와 우뇌를 연결하는 '뇌량'이라고 부르는 '다리'를 진화시켜 왔습니다. '뇌량'이라는 다리는 뇌의 뒤쪽 감각 센터가 있는 곳에서부터 차차 앞쪽으로 놓여져 전전두엽이 있는 곳까지 이르게 됩니다.

뇌량은 우뇌에서 처리한 모든 경험(감정 정보, 감각 정보 등)을 좌뇌로 전달합니다. 우뇌에서 뇌량을 통해 넘어온 정보들이 언어중추를 통해 언어로 표현되는 것입니다. 엄마 품에 안겼던 경험이 뇌

---

[13] 뇌의 앞부분에 있는 전두엽에서도 맨 앞에 있는 부분. 주의력, 계획, 결정 등의 고등 인지 작업을 담당하며 운동 기능에도 관여한다. 두뇌 기능 전체를 총괄하는 역할을 하므로 두뇌의 오케스트라 지휘자 혹은 대기업 회장이라고도 불린다.

량을 통해 좌뇌로 들어가면 '따뜻하고 기분 좋다'라는 언어적 상징으로 전환되는데, 뇌량은 초등학교 입학 즈음부터 본격적으로 발달해 사춘기까지 성숙합니다.

뇌량이 형성되고 발달한다는 것은 좌뇌와 우뇌가 연결되고, 정보와 자극이 오가게 되었음을 의미합니다. 좌뇌의 것이든 우뇌의 것이든 상관없이 뇌라는 공장에서 생산되는 모든 정보와 자극은 일단 전전두엽에 모입니다. 지능을 대표하는 전전두엽은 일종의 중역회의실과도 같습니다. 중역회의에서는 무엇을 하나요? 정보를 수집, 분석하고 이를 바탕으로 중요한 결정을 내립니다. 할 것과 하지 말아야 할 것을 가리는 것이지요. 그리고 나서는 집행부에 명령을 내립니다. 전전두엽의 기능도 이와 같습니다. 시각, 촉각, 후각, 청각, 미각, 감정적 정보가 모두 전전두엽에 모여서 분석을 거치게 됩니다. 전전두엽은 중추를 통해 손에게 '잡아라', '밀쳐라', '때려라' 또는 '안아줘라'와 같은 명령을 내립니다. 전전두엽은 이처럼 뇌의 CEO 역할을 하는 것입니다.

그런데 CEO인 전전두엽이 제 기능을 발휘하려면 시각, 청각 등의 감각 정보 처리 기능이 부실해서는 안 되겠지요? '지능'을 뇌의 전체적인 역량이 제대로 발휘되는 총체적 능력이라고 하는 이유가 여기에 있습니다. 뇌는 부위별, 기능별로 저마다 맡은 일이 있고, 각각의 개별적인 기능이 역할을 제대로 수행해 주어야 합니다. 우리가 말하는 '지능'이란 바로 그 바탕 위에서 잘 기능하는 뇌의 모든 능력을 통합해 환경에 대처하는 적응력을 말합니다. 뇌의 모든 기능이 건강하게 발달해서 전전두엽이 올바른 판단과 명령을 내릴 수 있을 때, 시시각각 변화하는 환경에 그 사람이 잘 적응한 것이라고 정의할 수 있지 않을까요?

조기 교육이 아닌 적기 교육을

19세기에 프랑스에서 발견되어 온 세상을 깜짝 놀라게 했던 늑대 소년의 이야기는 적기에 필요한 자극을 받지 못한 아이는 온전한 사람이 될 수 없음을 전 세계에 증명해 보였습니다. 여덟 살에 발견된 이 소년은 사람의 말 대신 늑대 울음소리를 냈습니다. 내로라하는 전문가들이 총동원되어 소년에게 교육을 시켰지만 모두 실패하고 말았습니다. 생후 첫 3년과 그 후 3년간의 중요한 시기에 필요한 자극을 받지 못하면, 그 후에 아무리 고쳐보려고 노력해도 소용없는 일입니다.

　동물 발달에서도 짧지만 중요한 기능을 수행하는 '결정적 시기'가 있습니다. 오리는 알에서 부화되는 순간 처음 본 어미 오리를 망막에 순간적으로 각인시켜 영원히 기억합니다. 새끼 오리들이 어미를 알아보고 뒤를 졸졸 쫓아다니는 것도 이 때문이지요. 그런데 콘라드 로렌츠라는 오스트리아의 동물심리학자가 어미 오리 대신 자신을 알에서 깨어나는 새끼들에게 보여주었더니 새끼 오리들이 로렌츠를 어미 오리로 알고 쫓아다녔다고 합니다.

사람의 경우에는 오리처럼 그때가 아니면 영원히 가르쳐줄 수 없는 결정적 시기가 몇 분, 몇 초로 발견되지는 않습니다. 하지만 생후 첫 3년, 그 후 3년 등 필요한 자극이 요구되는 '민감한 시기'는 존재합니다.

생후 첫 3년간은 엄마와의 충분한 놀이로 온몸의 감각기관을 일깨우고 감정 기능과 언어중추를 자극하면서 사회성 뇌를 발달시켜야 합니다. 또 그 후 3년은 좌뇌와 우뇌가 서서히 연결되는 시기이며, 해마체가 발달하기 시작해 장기기억 시스템을 발달시키는 과정이 이루어집니다. 따라서 부모와의 경험을 세련된 언어로 표현하고 통합하는 훈련이 필요하며, 다른 아이들과 잘 어울려 마음껏 뛰어노는 경험이 필요한 시기입니다. 6~7세경부터 사춘기 이전까지는 제2외국어를 배우기에 적절한 시기입니다. 그러므로 초등학교 때 영어 수업을 하는 것은 적절한 교과 배치라고 판단됩니다.

그러나 요사이 초등학교 때부터 아이들을 괴롭히는 전문 인지 교육 열풍은 매우 걱정스러운 현상이 아닐 수 없습니다. 조기 교육이 아닌 적기 교육을 시켜야 하는데, 부모들은 때가 아닌데도 아이들을 전문 인지 교육의 도가니로 밀어넣습니다. 그러나 뇌 발달 단계를 무시한 과도한 자극은 오히려 부작용만 가져온다는 사실을 명심해야 합니다.

고등 수학, 과학, 논리적 독서 훈련 등 추리력과 사고력을 요하는 전문 학습은 사춘기가 지나면서부터 가능한 영역입니다. 적어도 중학교 고학년이나 고등학생 정도 되어야 효과적으로 소화해 낼 수 있다는 말입니다. 그런데 유감스럽게도 입시를 위한 선행학습의 연령이 계속 낮아지고 있으니 참으로 안타까운 일입니다.

적어도 사춘기까지는 건강한 뇌를 만들어주는 데 주력해야 합니다. 전인적 자극, 온몸의 감각을 모두 이용하는 전인적 경험, 다른 사람과 잘 지내는 능력과 품성을 길러주는 사회적 자극이 명석한 뇌를 만들어줍니다. 하드웨어가 발달되어야 할 시기에 아무리 고성능이라도 소프트웨어만 자꾸 밀어넣는다면 아이가 어떻게 될까요?

아이보다 반 발짝만 앞서 가라

가족과 잘 지내고, 밥 먹고, 잘 자고, 옷 입고, 목욕하는 것 등등이 모두 주어진 환경에 적응하는 일련의 과정들입니다. 아이를 키우는 엄마라면 젖을 떼고 밥을 먹여야 할 시기를 제때에 인지합니다. 아직 젖을 더 먹어야 하는 아기에게 억지로 밥을 먹이지는 않지요. 또 현명한 부모라면 아이의 신체가 자라고 뇌가 성숙하는 시기를 정확히 판단하고, 그다음 단계에서 아이에게 필요한 것을 아이 스스로 시도할 수 있도록 독려합니다. 부모는 아이의 발달을 주시하면서 이유식, 걸음마, 말하기 연습 등을 시의적절하게 제시하고 아이가 성공적으로 적응하면 축하해 주면서 행복을 느낍니다.

　부모는 아이보다 반 발짝 혹은 한 발짝만 앞서 가야 합니다. 아이가 무언가를 배울 준비는 되어 있지만 아직 시도를 못 하고 있을 때 엄마가 살짝만 이끌어준다면 아이는 자신의 힘을 발휘해 쫓아올 수 있습니다. 이때 엄마가 반 발짝, 한 발짝만 먼저 가 있어야 아이가 힘들어하지 않고 따라올 수 있습니다. 그런데 부모가 욕심이 앞서서 아이보다 다섯 발짝이나 앞서 있다면 아이는 어떻게 될까요? 손발을 아기작거리는 아기를 보면, 엄마는 아기가 곧 기게 될 것임을 감지하고는 아기가 기어갈 수 있도록 도와주고, 아기가 손발을 옮겨가면 손뼉을 치면서 기뻐해줍니다. 그러면 아기의 마음속에도 성공에 대한 뿌듯한 자부심과 자신을 도와준 엄마에 대한 친근감이 차오르겠지요? 이것이 바로 아이의 뇌 발달을 촉진시키고 지능을 높여주는 방법입니다.

　걸음마 능력은 타고나는 것입니다. 처음에 아기의 걸음마가 서툰 것은 아직 근육이 발달되지 않고 힘이 없어서일 뿐이지요. 때가 되어 걸음마를 시작할 때 엄마가 손을 잡아주면 아기는 한 발짝 두 발짝 떼어놓으며 걷게 됩니다. 아이의 모든 능력도 이와 같다고 보면 됩니다. 적절한 시기에 아이가 타고난 능력을 발휘할 수 있도록 살짝 끌어주는 것, 이것이 부모가 아이에게 해줄 수 있는 최선의 교육입니다. 아이의 잠재된 능력은 부모가 이끌어줄 때마다 무럭무럭 자란다는 사실을 잊지 마세요.

　아이가 주어진 환경에 잘 적응하여 새로운 능력을 발휘할 때마다 아이 자신도 매우 기뻐하고, 주위 사람들도 그 기쁨을 공유하게 됩니다. 이런 성취감은 바로 행복으로 이어지겠지요. 이런 환경에서 자란 아이는 학교에 가서 모르는 것이 생겨도 선생님과 친구들에게 자연스럽게 물어보고 도움을 청합니다. 이미 집에서 엄마와 충분히 연습을 했기 때문이지요.

모르는 것이 있을 때 편안하게 물어볼 수 있는 환경에서 성장한 아이들은 문제가 생겨도 선생님에게 스스럼없이 질문할 수 있고, 문제 해결에 대한 기대감이 있어서 불안해 하지도 않습니다. 그런 아이는 자기 동생을 대할 때도 마찬가지입니다. 엄마가 나에게 해주었듯이 내 동생뿐 아니라 친구들과도 편안하게 지내지요. 원만한 인간관계를 유지하다 보니 다른 사람에 대해서도 좋은 이미지를 갖게 되고 그럴수록 상대방을 믿을 수 있는 편안한 존재로 인식하는 것입니다.

아이의 지능을 높여주고 싶은가요? 아이가 스스로 적응하지 못하고 힘들어할 때, 다른 사람에게 도움을 받아 문제를 해결하는 방법을 가르쳐주세요. 기꺼이 남의 도움을 받을 수 있는 능력을 배운 아이가 사회에서도 성공적으로 살아남을 수 있습니다. 그러나 적절한 시기에 이것을 배우지 못하면 아이는 사회적으로 도태될 수밖에 없습니다.

2_ 사회성은 공감하고 배려하는 능력

다른 사람에게 둔감한 사람들

대니얼 골먼이라는 미국의 심리학자가 있습니다. 몇 해 전 『감성지능 EQ』라는 책으로 전 세계적인 반향을 불러일으킨 인물이지요. 그가 최근에 『사회지능 SQ』라는 책을 출간했는데, 21세기의 성공 키워드로 다른 사람들과 잘 지내는 능력의 척도인 SQ의 중요성을 기술한 책입니다. 대니얼 골먼은 흥미롭게도 사회성을 제대로 발달시키지 못한 사람들을 일컬어 '어둠의 유형'이라고 칭했습니다.

우리 주변에서도 사회성이 현저하게 떨어지는 사람들을 쉽게 볼 수 있습니다. 먼저 자신만이 특별하고 자신의 욕구와 목적만이 중요하다고 생각하는 이기적인 사람들의 경우를 살펴볼까요? 이들은 심리학에서 '나르시시스트'로 분류됩니다. '잘 되면 내 탓, 못 되면 남 탓'이라고 생각하는 부류의 사람들로, 모든 일의 결과가 자기에게 영광스럽지 못하면 참을 수 없어 합니다. 다른 사람의 비판 어린 충고는 이들에게 치욕과 수치심만 불러일으키고, 자신을 칭찬해 주지 않는 사람들에 대해서는 원망과 복수심을 키웁니다. 모두 잘해서 성공하자는 얘기는 이들에게는 말도 안 되는 이야기일 뿐입니다.

급속한 경제 개발을 이루었던 격동기의 한국사회에서도 이런 유의 사람들이 저돌적인 리더십으로 사회적 성공을 거두었습니다. 그러나 지금은 사회가 많이 변했습니다. 현대사회는 자기 주장과 추진력보다는 공감과 다양성을 높이 사지요. 나만 잘났으니 나만 따르라고 하는 사람에게 돌아오는 대접은 따돌림뿐입니다.

두 번째 유형은 소위 '마키아벨리 형' 인간으로 불립니다. 지나칠 정도로 이해타산적이고 득실의 계산이 빠른 사람들입니다. 이들의 특징은 하나같이 매우 계산적이라는 데 있습니다. 이들은 절대 감정을 개입시키지 않습니다. 대체로 언변이 뛰어나고 교활하며, 매사에 자신감이 넘칩니다. 이해득실을 따져 계산적으로 사람과 관계를 맺기 때문에 허황된 요구를 하지 않고, 굳이 남에게 좋은 인상을 남기려고 애쓰지도 않습니다. 또한 다른 사람의 생각을 읽어내는 수완이 뛰어납니다. 하지만 그렇게 읽어낸 다른 사람의 입장은 자신의 이해를 위해 이용할 뿐입니다. 그래서 세상일에 잘 적응하고 약삭빠르게 성공가도를 달리는 것처럼 보입니다. 이들은 냉혈한처럼 사회적 성공의 열매를 따먹기 위해 쉬지 않고 앞으로 돌진합니다. 하지만 다른 사람의 슬픔과 기쁨에는 공감하지 못하며, 심지어 자신의 감정조차 들여다보지 못하는 사람들입니다.

마지막으로 사회성 측면에서 가장 심각한 경우로, 태어날 때부터 사회성 뇌가 제 기능을 하지 못하는 경우입니다. 사회성 뇌의 기능이 떨어지는 가장 대표적인 예는 '자폐'입니다. 자폐의 경우에는 다른 사람의 마음과 감정, 생각을 전혀 읽을 수 없습니다. 이들에게 다른 사람은 자기 옆에 있는 책상, 전화기 등의 사물과 같습니다. 자신의 행동이 다른 사람에게 기쁨도 줄 수 있고, 슬픔과 아픔도 줄 수 있다는 것을 알지 못합니다. 이들의 뇌신경 회로는 감정과 고통을 관장하는 부분에서 제대로 작동하지 않습니다. 이 때문에 다른 사람에게 감정이입을 할 수 없지요.

그런데 자폐가 아닌데도 다른 사람의 마음을 읽고 헤아리는 능력이 턱없이 부족한 사람들이 있습니다. 우리가 흔히 '썰렁하고 눈치 없다'고 생각하는 사람들입니다. 이들은 다른 사람의 마음을 읽는 데 서투르고 더러 자리에 어울리지 않는 말을 해서 사람들을 언짢게 합니다. 한 가지 예를 들어볼까요. 자신의 결혼식 날에 꽃병을 선물 받은 '썰렁한 남자'가 있었습니다. 얼마 후에 꽃병을 선물한 친구가 집에 놀러 와서 자신이 선물한 꽃병을 실수로 깨뜨리고 미안해서 어쩔 줄 몰라 합니다. '썰렁한 남자'가 말합니다. "괜찮아. 그거 원래 마음에 들지 않았어." 꽃병을 깨뜨린 친구는 당연히 괜찮지 않았을 테지요.

좋은 성격은 사회성 뇌의 질로 결정된다

하루 종일 일터에서 일하느라 지친 엄마가 집에 돌아왔습니다. 세 살배기 아들이 "엄마" 하고 외치며 달려옵니다. 그날따라 엄마는 매달리는 아들이 유난히 무겁게 느껴집니다. 엄마는 아들을 잠깐 가볍게 안아준 뒤, "엄마 옷 갈아입어야 하니까 잠깐 기다려"라고 말합니다. 낮에 할머니에게 혼이 나서 엄마에게 위로받고 싶었던 아들은 엄마의 성의 없는 포옹이 마음에 들지 않습니다. 화가 난 아이는 울면서 바닥에 드러누워 떼를 씁니다. 그러자 엄마가 이번에는 화를 냅니다.

"엄마가 옷 갈아입고 놀아준다고 했지! 이렇게 떼쓰고 난리 피우면 다시는 안 놀아줄 거야!" 그러자 아이는 더 심하게 떼를 쓰고 벽에 머리를 부딪치기까지 합니다. 엄마도 지친 나머지 기진맥진합니다. 아이는 아이대로 엄마는 엄마대로 분노와 실망감에 휩싸이게 되는 것이지요.

'저놈의 자식, 옷 갈아입고 다시 안아주겠다는데 왜 저러는 거야? 오늘따라 회사 일도 많아서 지치는데 왜 저렇게 요구가 끝이 없는 건지. 아무리 어려도 말귀 다 알아듣는 녀석인데 엄마 힘든 건 보이지도 않나?' 엄마는 자신의 힘든 처지를 몰라주는 어린 아들이 원망스럽고, 옷 갈아입을 짧은 시간도 기다려주지 못하는 아이가 혹시 너무 인내심이 없는 것은 아닐까 걱정도 됩니다.

대개 네 살 미만의 아이에게는 '남의 마음을 헤아리는 능력'이 없습니다. 다른 사람의 마음이 어떤지 헤아리고 대응하는 뇌의 기능이 아직 발달하지 않았기 때문이지요. 네 살 이전에는 내가 생각하는 것이 유일한 사실이라고 여기기 때문에 내가 생각하는 것처럼 다른 사람도 생각한다고 느낍니다.

앞의 사례에서 아이는 엄마에게 '지금 나는 엄마의 위로가 절실히 필요해!'라는 신호를 보낸 것입니다. 엄마가 아이의 신호를 알아채고, 피곤하더라도 평소보다 더 따뜻하게 안아주고 무릎에 앉힌 다음 "우리 아들, 오늘 무슨 일 있었구나. 그래서 엄마를 많이 기다렸나보네. 엄마랑 책 같이 읽을까?"라고 반응했다면, 아마도 옷 갈아입는 시간이 평소보다 10분 정도 늦춰졌을 뿐 아이는 금방 진정이 되었을 것입니다. 하지만 엄마는 아이가 보내는 신호에 반응하고 의사소통을 하려고 하지 않고, 자신의 피곤함과 옷을 갈아입어야 한다는 사실에만 집중했습니다.

이때 엄마가 아이가 보낸 신호를 이해하고 반응해 주었다면, 아이는 엄마에게 이해받았다는 마음을 갖게 되었을 테고, 옷을 갈아입기 위해 잠시 기다리라는 엄마의 말을 받아들였을 것입니다. 엄마의 위로가 절실하다고 느낀 아이가 엄마와 심리적으로 오래 떨어진 후에 엄마와 연결되고 싶어 하는 것은 당연합니다. 이 신호가 엄마의 시큰둥한 반응으로 무시되자 좌절감을 느낀 아이가 더욱 떼를 쓰고 반항하게 된 것이지요.

네 살 정도가 되어야 남의 마음이 어떤지 이해할 수 있는 능력이 생긴다는 의미는, 생후 첫 3년까지 다른 사람과 어떤 상호작용을 했는지에 따라 '다른 사람의 마음을 읽는 능력', 즉 사회성이 결정된다는 것을 뜻합니다. 앞에서 생후 첫 3년 동안의 엄마와의 경험이 아이의 성격을 결정한다고 언급했는데, 그 성격의 가장 중요한 내용이 바로 '사회성'입니다. 그리고 이것을 담당하는 부분이 바로 '사회성 뇌'입니다.

'사회성 뇌'란 사회생활 속의 대인관계를 주관하는 뇌입니다. 즉 다른 사람의 감정과 의도를 읽고 사람들과 잘 어울리는 능력을 관장하는 것이지요. 대인관계의 주요한 구성 요소는 다른 사람의 얼굴과 목소리 등을 인지하고 거기에 수반된 감정을 이해하는 것입니다. 그것을 통해 상대방의 동기를 파악하여 자신의 행동을 결정하게 되지요. 이 기능을 수행하는 뇌의 부위로는 전전두엽의 일부인 안와전두엽, 전측대상, 편도핵 등이 있습니다.[14] 이곳에서 사회적 자극을 인지하여 수반된 감정을 읽고 동기를 파악한 후 적절한 사회적 행동을 하게 하는 것입니다.

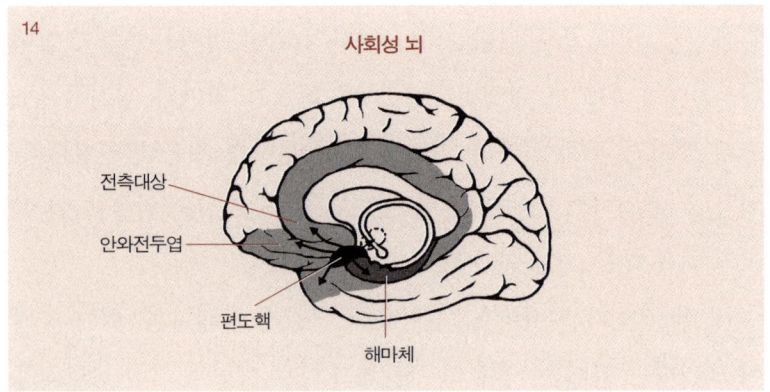

결국 좋은 성격은 사회성 뇌의 질로 결정됩니다. 사회성 뇌가 잘 발달했다는 것은 다른 사람을 존중하고, 다른 사람의 마음을 헤아려 배려할 수 있는 따뜻한 감성을 지니고 있다는 뜻입니다. 엄마가 아이를 존중해 주고, 마음을 헤아려주고, 따뜻하게 반응해 주어야 아이도 다른 사람을 그렇게 대할 수 있습니다. 이런 의미에서 사회성 뇌는 엄마에게 받은 자극을 바탕으로 다른 사람을 잘 대할 수 있게 해주는 뇌, 다시 말해 대인관계의 기본인 좋은 성격을 관장하는 뇌라고 말할 수 있습니다. 사회성 뇌는 만 3세까지 가장 많이 성장합니다. 이때 양질의 영양분, 즉 좋은 경험이 충분히 공급되어야만 좋은 사회성 뇌를 갖게 됩니다.

사회성 뇌에 필요한 자극은 사회적 자극, 대인관계에서 오는 자극입니다. 만 3세 이전의 대인관계는 부모와의 관계가 대부분일 수밖에 없습니다. 이때 부모가 아이에게 어떤 자극을 주느냐에 따라 이 뇌의 행보가 결정됩니다. 대부분의 아이들은 좋은 하드웨어, 다시 말해 좋은 두뇌를 갖고 태어납니다. 그런데 이 두뇌가 어떤 성격을 갖게 되는지는 사회성 뇌에 부모가 어떤 자극, 어떤 경험을 만들어주느냐에 따라 결정됩니다. 마치 질 좋은 흙으로 훌륭한 도자기를 만드는 것이 전적으로 도공의 손에 달린 일인 것처럼 말이지요.

만 3세 이전에 부모가 아이와 함께 웃고 즐기고 재미있게 놀아주면, 아이의 사회성 뇌에는 '다른 사람과 있으면 재미있고, 속상한 일이 있으면 서로 얘기해서 풀면 된다'는 경험이 뇌의 회로에 형성됩니다. 하지만 부모와 아이 사이에 문제가 있을 때마다 부모가 아이를 야단치거나 윽박질러서 풀게 되면, 아이는 문제가 생길 때마다 합리적인 토론 대신 화를 내거나 야단을 치거나 힘으로 누르는 전술을 택할 수밖에 없습니다.

이해받고 있다는 느낌이 사회성을 키운다

4세 미만의 아이들은 사회성 뇌가 아직 발달하기 전이기 때문에 기본적으로 자기중심적일 수밖에 없습니다. 예를 들어, 한 아이가 동생이 갖고 노는 장난감을 그저 '나도 갖고 싶어서' 가져옵니다. 그러자 장난감을 뺏긴 동생이 울고불고 소리를 칩니다. 아이는 동생이 울어도 '저건 동생 문제지 내 문제가 아니야'라는 생각에 전혀 미안해 하지 않습니다. 이때 부모는 어떻게 개입해야 할까요?

 우선 엄마는 '장난감을 갖고 싶은' 아이의 마음에 공감해 줘야 합니다. 아이의 마음을 이해해 주지 않고, 동생의 장난감을 뺏은 것만 문제 삼아 아이를 혼내고 다시 장난감을 빼앗아 동생에게 돌려준다면, 아이는 자신의 마음이 무시당했다고 느낄 뿐만 아니라 장난감을 다시 차지한 동생까지 미워하게 됩니다. 자신이 뺏은 장난감 때문에 속이 상했을 동생의 마음은 안중에도 없이 말이지요.

 "애야, 동생이 가지고 노는 장난감이 정말 좋아 보이네. 너도 이 장난감을 가지고 놀고 싶구나?" 아이의 눈을 들여다보면 장난감을 갖고 싶어 하는 마음을 읽을 수 있습니다. 현명한 부모라면 그 마음에 공감해 주어야 합니다. "하지만 지금은 동생이 가지고 놀고 있잖니? 동생이 다 가지고 놀 때까지 기다리면 그다음엔 네가 갖고 놀게 해줄게." 그러면 아이는 갖고 싶은 것을 꾹 참고 있기 싫어서 "싫어, 지금 당장 줘"라고 말하겠지요.

이때 엄마는 "네가 제일 좋아하는 트럭 장난감을 가지고 놀고 있는데 동생이 가져가면 어떨까? 만약 네가 지금 장난감을 빼앗아 가면 동생 마음이 어떨까?" 하며 입장을 바꿔놓고 생각하는 '역지사지'의 마음 씀씀이를 아이에게 가르쳐줍니다. 엄마가 장난감을 갖고 싶어 하는 아이의 마음을 충분히 공감하고 이해했다면 아이는 엄마의 말을 따를 것입니다.

부모가 '남 생각할 거 뭐 있어? 밟고 일어서야지'라는 생각을 가지고 아이를 키운다면 아이의 사회성 뇌는 발달하지 않습니다. 인간의 관계에는 상하관계, 동등관계 등 서로의 처지와 입장에 따라 수많은 관계가 존재합니다. 따라서 '상'에 있으면 '하'의 입장을 생각하고, '하'에 있으면 '상'의 입장을 생각해야 합니다. 마찬가지로 좌의 입장에 있다면 우의 입장을 생각해야 하지요.

그러나 '입장 바꿔서 생각하기'를 가르치는 것은 생각보다 쉽지 않습니다. 자극에 대한 아이의 반응은 본능적으로 '반사적'일 수밖에 없는데, 이 반사적인 반응 과정에 '생각하기'를 넣어주는 것이기 때문이지요. 장난감이 갖고 싶으니까 그냥 가져야겠다고 반응하는 아이에게 동생의 입장을 생각해서 기다렸다가 가지고 놀으라고, 또는 다른 장난감을 대신 가지고 놀으라고 교육시키는 것이기 때문이지요. 이러한 교육은 바로 아이의 마음을 충분히 이해하고 공감해 주는 부모의 태도에서 시작됩니다. 아이의 욕구와 감정을 이해하고 인정해 주되, 욕구를 충족하기 위해 어떻게 행동할 것인지 제대로 가르쳐야 하는 것이지요.

아이는 자기가 생존을 위해 보내는 신호에 즉각적이고도 진실하게 반응해 주기를 원합니다. 갓난아기가 웃고 옹알이를 하면 부모가 함께 웃고 옹알이에 반복적으로 반응해 주어야 합니다. 또 말을 배우기 시작한 아이에게는 "재밌구나", "슬프구나", "화가 났구나", "기분이 아주 좋구나", "속상하구나" 등등의 공감적 반응을 계속 해주어야 합니다.

생애 초기부터 지속적으로 아이에게 민감하게 반응하고 공감해 주면서 부모가 아이에게 일관되게 전달해야 하는 메시지는 "우리는 늘 너를 바라보고 있고, 너의 말에 항상 귀 기울이고 있단다. 너는 소중하고 의미 있는 존재란다. 우리는 있는 그대로의 너를 좋아해. 네가 말하는 것을 잘 알아듣고 너의 반응을 존중해서 대답해 줄게"라는 것입니다.

아이의 미소에 미소로 반응하고, 아이가 느끼는 감정을 언어로 공감하면서 아이와 부모 사이에는 친근한 신호의 교환이 일어납니다. 그리고 이 신호를 나누는 과정을 통해 아이는 '아주 안전하고 좋은 존재와 내가 연결되어 있다'는 소속감을 갖게 됩니다. 나아가 '세상에는 나 혼자가 아니'라는 믿음을 갖게 되고 '나는 괜찮은 사람'이라는 가치도 내면화하게 됩니다. '지금까지도 그랬고, 지금도 그렇고, 앞으로도 나는 괜찮은 사람이고, 나를 이해해주는 사람들과 연결되어 있다'는 흔들리지 않는 믿음을 갖게 되는 것이지요. 이런 믿음을 갖게 될 때 아이는 다른 친구들을, 자라서는 이웃 사람들과 동료들을 비롯한 다른 많은 사람들을 훨씬 더 넓은 마음으로 이해하고 받아들일 수 있습니다.

 이처럼 자신의 욕구와 느낌이 완전히 이해받고 있다는 느낌을 획득해야만 다른 사람의 마음을 헤아리고 배려하는 사회적 능력을 키울 수 있게 됩니다. 부모에게 이해받지 못하면 아이는 고립감과 소외감을 느끼게 되고, 수치심에 휩싸이면서 부모와 다른 사람에 대한 불안감과 불신을 키우게 됩니다. 이러한 환경에서 다른 사람에게 공감하고 배려하는 능력을 키운다는 것은 어려운 일 아닐까요.

 아이와 진심이 통하는 의사소통은 부모가 '마땅히 이래야 하고 저래야 한다'는 규범과 규칙, 그리고 자신의 어떠한 사고방식에 대한 집착을 버리고 열린 마음으로 아이에게 온전히 집중할 때에야 비로소 가능해집니다. 부모 자신의 과거 경험, 스스로 만든 규칙 등 특정한 방식에 의존해서 아이가 보낸 신호에 대응하는 것이 아니라, 아이가 보내는 실제 신호에 초점을 맞출 때에만 진심이 통한다는 의미입니다. 그 어떤 말보다 이해받고 있다는 느낌이 중요한 것이지요.

chapter 3

아이의 버릇을 고치려면 나쁜 버릇을 없애려고 하기보다 좋은 버릇을 칭찬해 주는 것이 보다 효과적입니다. 보통 아이가 엄마에게 혼나는 경우는 욕을 하거나 숙제를 하지 않거나, 동생과 싸우거나 엄마 말을 듣지 않을 때입니다. 그렇다면 엄마 말을 잘 들을 때 칭찬을 많이 하고 좋아하는 반찬을 해주는 등 상을 줘보세요. 동생과 사이좋게 지내는 것도 칭찬해 줄 만한 일이지요. 그러나 대부분의 엄마들은 동생과 사이좋게 지낼 때는 쳐다보지도 않다가 동생과 싸우면 벌을 줍니다. 아이가 동생과 잘 지낼 때마다 상을 준다면 동생과 싸우는 일이 눈에 띄게 줄어들 것입니다.

상을 주고 칭찬해서 좋은 버릇과 행동의 횟수를 늘린다고 해도, 나쁜 행동과 버릇은 나오게 마련입니다. 이럴 때는 때리거나 야단치지 말고 강도를 훨씬 낮춘 순화된 방법으로 체벌을 해야 합니다. 벌을 주는 목적은 아이를 위협하고 겁주기 위한 것이 아니라 잘못된 행동을 교정하기 위해서입니다. 그런데 행동의 교정은 스스로 생각하고 고쳐야겠다고 결심할 때 제대로 이루어집니다. 가정마다 특정한 장소를 마련해 반성하는 공간을 만들어보세요. 많은 부모님과 선생님이 알고 있는 방법으로, 의자 하나를 정해서 '생각하는 의자'로 이름 붙여놓고 아이가 나쁜 행동을 할 때 그 의자에 앉히는 것도 좋은 방법입니다.

아이는 이렇게 키워라

| 1장 |

마음 편하고 성격 좋은 아이로 키워라

─ 행복한 아이로 키우는 10가지 덕목

편안하고 행복하게 사는 것이 인생의 목표가 아니냐고 말하면 깜짝 놀라는 분들이 많습니다. 어느 40대 중반의 의사는 인생의 목표가 '편안하고 행복한 삶'이라는 것을 깨달은 게 최근의 일이라고 합니다. 그는 마흔이 넘도록 어려서 자신에게 매일 공부하라고 들볶았던 아버지에 대한 미움과 복수심으로 인생을 살았다고 했습니다.

환갑을 훌쩍 넘긴 중견 기업의 사장은 평생을 죽자 사자 돈 버는 일에만 매달려 왔습니다. 그는 많은 돈을 벌었지만, 자식들은 집을 나가 온갖 비행을 저지르며 속을 썩였습니다. 급기야 얼마 전에는 30년을 함께 산 부인에게 이혼 소송까지 당했습니다. 이분은 평생 가족을 위해 열심히 돈을 벌었지만, 결국 돌아온 것은 가족의 냉대와 따돌림뿐이라며 서글퍼했습니다. 참으로 안타까운 일이지요.

저에게 오랫동안 치료를 받았던 40대 남자는 어려서 자신을 힘들게 한 부모에 대한 미움과 원한으로 가슴이 터질 듯이 힘들면서도 부모의 인정과 사랑을 받기 위해 비위를 맞추고 온갖 효도를 다해 왔습니다. 하지만 그의 마음은 여전히 부모에 대한 미움

으로 가득 차 있었습니다. 그는 부모가 자신의 효도에 만족하고 칭찬해 주어도 전혀 행복하지 않았고, 부모의 말은 그저 공치사로 들릴 뿐이었습니다.

아주 오래전에 미국 줄리어드 음대에서 피아노를 전공하던 학생을 만난 적이 있습니다. 피아노 앞에만 앉으면 어려서 자신을 피아노 의자에 묶어놓고 혼을 내던 어머니의 환상에 시달리다 못해 저를 찾아온 것입니다. 그녀는 하루에 8시간씩 의자에 묶인 채로 어머니에게 혼이 나면서 피아노 연습을 한 경험이 있었습니다.

이런 분들이 사회적으로 남다른 성공을 한다고 해도 다른 사람과 더불어 즐겁고 행복하게 살기는 몹시 어렵겠지요? 여러분의 자녀가 서글픔과 분노와 원한에 가득 찬 의사, 사장, 피아니스트로 출세하기를 바라나요? 속으로는 미워하면서 마음에도 없는 효도를 하기를 바라나요? 물론 편안하게 성장하고 출세도 한다면 금상첨화겠지요. 그러나 만약 두 가지 중 하나를 선택해야 한다면 여러분은 무엇을 고르겠습니까? 편안하고 행복한 삶을 살아갈 좋은 성격인가요? 출세와 돈인가요?

1_ 부모와 자녀는 무조건 친해야 한다
—부자유친父子有親

여러분은 자녀와 친한가요? 부모와 자녀가 친하지 않다면 훈육도 교육도 제대로 이루어지지 않습니다. 오죽하면 삼강오륜의 첫번째 항목이 '부자유친'일까요? 부모와 자식 사이는 모든 인간 관계 중에서 으뜸이 되는 천륜의 관계입니다. 달리 말하면 이 중요한 관계가 좋아야만 좋은 사람이 된다는 것입니다. 그런데 여러분은 어머니 아버지와 세상 누구보다 친하게 지내고 있나요? 마찬가지로 아이들에게 누구보다 친하고 다정한 부모인가요?

    자녀 양육의 첫번째 덕목은 처음부터 마지막까지 '친함'에 두어야 합니다. 좋아하는 사람이 하는 얘기는 거부감이 없고, 좋아하는 부모가 하는 행동은 즐겁습니다. 또 좋아하는 부모가 해주는 말은 귀 기울여 듣고 싶어집니다. 아이와 재미있게 놀아주세요. 부모와 잘 노는 아이가 부모와 친해질 수 있습니다.

아이를 싫어하고 아이에게 관심이 없는 사람은 좋은 양육자가 될 수 없습니다. 아이와의 상호작용은 마치 연애를 하는 것과 비슷합니다. 누군가를 좋아하게 되면 어떻게 되는지 떠올려보세요. 그 사람의 일거수일투족에 관심이 가고, 그저 무엇이든 다 해주고 싶어지지요. 좋아하는 사람에게는 다정함이 배어 나오게 마련인데, 아이와의 관계도 이와 같습니다.

그러나 연애하는 사람들도 티격태격하다 헤어질 수 있듯이 모든 관계는 언제든지 깨질 수 있습니다. 아무리 친하고 행복한 관계라도 문제는 생길 수밖에 없다는 뜻입니다. 이때가 가장 중요한 순간입니다. 이 순간을 슬기롭게 넘기면 부모와 자식 관계는 더욱 친밀해지고 서로 믿는 관계로 발전할 수 있습니다.

또 말썽이 생겼을 때, 무조건 다그치고 야단칠 것이 아니라 아이의 생각을 충분히 들어주고 의견을 물으면서 어떻게 둘이 힘을 합쳐 문제를 해결할 것인지를 의논해야 합니다. 말썽이 생길 때마다 서로의 생각을 들어주고 함께 의논하고 협상하면서 문제를 해결한다면, 아이는 그 과정에서 무엇을 배우게 될까요? 문제가 생겨도 쉽게 해결되리라는 매우 중요한 믿음을 배웁니다. 또 아이와 부모는 여전히 친하다는 확신을 갖게 됩니다. 문제가 생기면 부모와 의논해서 해결하면 되고, 감정이 상하더라도 잠시 지나가는 속상함일 뿐이라는 진리를 알게 되는 것이지요. 서로 의논하여 문제를 해결할 때마다 비 온 뒤에 땅이 더 단단해지듯이 부모와 자식 사이는 더욱 좋아지게 마련입니다.

아이와 함께할 놀이시간표를 만들어라

바깥일로 바쁘고 지친 아빠가 퇴근해서 집에 돌아오는 시간은 대개 저녁 8시 정도입니다. 조금 늦어지면 9시가 넘어가기도 하지요. 아빠는 늦은 저녁을 먹고 대충 씻고 나면 소파에 앉아 텔레비전을 켜놓고 꾸벅꾸벅 졸기 시작합니다. 아빠가 오기만을 기다리던 세 살짜리 어린 딸이 아빠에게 놀아달라며 매달립니다.

"아빠 피곤해 죽겠다. 저리 좀 가. 이따가 놀아줄게." 그래도 아이는 당장 놀아달라고 징징거립니다. 쉬고 있던 아빠는 그만 아이에게 짜증을 내면서 소리치고, 결국 아이는 울음을 터뜨립니다. 아이가 서럽게 울자 아빠는 당황스럽고, 아이에 대한 미안함으로 속이 상합니다. 아빠는 몸이 피곤해서 짜증이 난 것이지 아이가 미워서 소리 지른 게 아니니까요. 몸이 피곤한 아빠는 당연히 쉬어야겠지요.

이 아빠는 저와 의논을 해서 아이와 함께할 놀이시간표를 만들었습니다. 퇴근 후 식사하고 나서 30분은 소파에서 쉬고, 그런 다음 딸아이와 30분간 신나게 놀아주겠다고 딸과 약속한 것입니다. 이 아빠는 시간표를 잘 지켰습니다. 집에 오면 혼자 쉬고 그다음에는 반드시 딸아이와 30분간 놀아준 것이지요. 세 살짜리 아이는 아빠가 30분을 쉬고 난 후에는 자신과 30분 동안 재미있게 놀아준다는 사실을 확실히 믿게 되었습니다. 그 패턴에 익숙해진 다음에는 오히려 아빠와 놀기로 정해진 시간 외에는 아빠를 방해하지 않게 되었답니다.

　시간표를 만들어서 아이와 이야기를 하고 규칙적으로 놀아주는 행동을 반복하는 방법은 생각보다 효과가 좋습니다. 시간표를 만들어놓으면 엄마가 아이에게 설명하기도 좋고, 아이 또한 서너 살쯤 되면 이와 같은 활동을 이해하고 납득할 수 있습니다. 함께 의논한 시간표대로 엄마가 해주면 아이는 엄마와 놀기 위해서 기다리는 법도 자연스럽게 배우게 됩니다. 엄마도 몸은 피곤하지만 아이와 이미 시간표를 만들었으니 그 시간만큼은 어떻게든 재미있게 놀아주기 위해 애를 쓰게 되지요.

노는 시간은 아이를 잘 기를 수 있는 소중한 순간

평소에 아이와 몸으로 놀아주는 것이 괴로운 부모라면, 아이와 즐겁게 놀기 위해 좀더 노력해야 합니다. 이를 위해서는 그 또래 아이들이 무엇을 하고 노는지 알고 있는 것이 좋겠지요. 아이가 어떤 종류의 텔레비전 프로그램이나 책, 컴퓨터 게임 혹은 장난감을 좋아하는지 관심을 가져야 합니다. 같이 재미있게 놀고 싶다는 기본적인 태도를 갖고 있다면 아이가 무엇을 좋아하는지 알아채는 것은 어렵지 않습니다.

　아이와 놀아줄 때는 놀이에 집중해서 놀이 자체를 즐기려고 노력하세요. '내 아이가 저렇게 예쁘구나, 귀엽구나, 엄마와 함께 있는 것을 좋아하는구나' 하는 느낌을 놓치지 말고, 잘 자라주는 아이에게 고마워하면서 재미있게 놀아주세요.

　재미있는 일을 하면서 돈을 벌 수 있다면 얼마나 즐거울까요? 아이와 놀아주는 것도 여기에 비유할 수 있습니다. '내가 재미있게 놀아줄수록 우리 아이가 잘 크니 얼마나 좋아!'라는 생각을 갖고, 이때가 아이를 잘 기를 수 있는 중요한 순간임을 항상 기억하시기 바랍니다. 아이와 놀아주기는 고역스러운 일이 아니라 즐거운 놀이라고 생각하고 노력하는 것이 중요합니다. 엄마 아빠도 함께 즐기기 위해서 아이가 좋아하는 것과 부모가 좋아하는 것을 서로 제안하고 타협하는 것도 좋은 방법입니다.

2_ 가정에 민주주의를 도입하라
─상명하달에서 인정과 존중으로

가정에서 힘과 권위에 눌려 지내는 존재는 누구일까요? 대개는 아직 어리고 힘이 약한 아이들입니다. 아이들은 엄마와 아빠가 하라는 대로 해야 하고, 의견이나 느낌은 무시당하기 일쑤이지요. 평소에 아이의 감정과 느낌을 있는 그대로 존중해 주세요. 자녀들의 고유한 생각과 느낌을 인정하고 들어주고 가정생활에 반영하는 것이 가정에서부터 민주주의를 실현하는 가장 쉬운 방법입니다.

민주주의가 무엇인가요? 사람이 위아래가 없고, 사람 사이에 차별이 없다는 것 아닌가요? 사람마다 능력이 다르기 때문에 차이는 있을 수 있습니다. 못사는 사람, 잘사는 사람으로 나뉠 수 있겠지요. 하지만 능력이 다르다고, 잘살지 못한다고, 구박받고 무시당해서는 안 된다는 것이 민주주의의 핵심입니다. 힘없는 사람들의 인권을 존중하자는 것도 민주주의의 고귀한 가치이지요.

그러나 안타깝게도 많은 엄마들이 그들 자신이 여자라는 이유로 가정과 사회로부터 무시당하고 구박받으면서, 자신의 아이들 또한 존중해 주지 못하고 있습니다. 이런 엄마들의 절대적 권위 앞에서는 아이들의 느낌과 생각이 제대로 표현될 길이 없겠지요. 엄마에게 눌려 지낸 아이들이 어떻게 편안한 아이, 재미를 느끼고 즐기는 아이로 성장할 수 있겠습니까?

누군가에게 끊임없이 억압당하고 괴롭힘을 당한다면 결코 행복해질 수 없습니다. 힘 있는 어른들은 억압을 피해 갈 수도 있지만, 아이들에게는 그럴 힘이 없습니다. 많은 아이들이 윽박지르는 어른의 보이지 않는 폭력 앞에 무방비로 노출되어 있는데, 이는 실로 무서운 일이 아닐 수 없습니다.

어른들의 이런 심리는 기본적으로 사람관계를 힘과 권위를 기반으로 한 상하관계로 본다는 데서 비롯됩니다. 군대생활을 했던 아빠들은 상하관계가 얼마나 사람을 숨 막히고 억울하게 하는지 잘 알지요. 군대라는 조직 안에서는 상명하달만이 유일한 대화 방법이고, 힘으로 억압해도 아무렇지도 않게 생각합니다. 그 속에서는 당연히 억울한 사람이 생겨나게 마련인데, 집에서의 상하관계 역시 아이들로 하여금 억울한 감정을 느끼게 합니다. 그리고 이와 같은 불만은 정서 장애, 행동 장애로 표출될 수밖에 없습니다.

어린 시절 부모 때문에 기분 나빴던 경험을 상기하라

여러분이 어렸을 때 어머니나 아버지에게 일방적으로 이래라저래라 하는 명령을 들으면 어떤 기분이었나요? 말대꾸 한 번 제대로 못 하고 시키는 대로 하기는 했어도 기분이 좋지는 않았을 것입니다. 정도가 심했다면 억울하고 화가 났던 경우도 있었을 테고요.

물론 최종 결정은 부모님이 하셨겠지만, 어린 여러분에게 "얘야, 내 생각은 이러저러해서 네가 이렇게 해주면 좋겠는데, 네 생각은 어떠니?"라고 물어봐주고, 그에 대한 여러분의 생각을 귀담아 들어주셨다면, 부모님이 원하는 대로 했더라도 억울하고 속상하지는 않았을 것입니다.

아무리 갓난아기라도 감정과 느낌은 어른과 다르지 않습니다. 그렇기 때문에 그 감정을 무시하고 부모 마음대로 윽박지르면, 아이는 부모에게 대들 힘이 없어서 말을 듣기는 하지만 어느 정도 자라서 힘이 생기기 시작하면 반항을 하게 됩니다. 또 아이가 말대꾸하고 대들기 시작할 때, 부모가 어떤 반응을 보이느냐에 따라 아이는 여러 가지 모습으로 커가게 됩니다.

첫번째, 부모가 말대꾸를 용납하지 않고 심하게 혼을 낸다면 아이는 자기 생각을 솔직하게 밝히지 못하고 안으로 움츠러듭니다. 하지만 그 마음은 계속 불안한 상태에서 억울함과 분노를 삭이고 있겠지요. 부모에게 대항할 힘이 생길 때까지 기회를 엿보고 기다리는 것입니다. 그러다가 사춘기를 지나 육체적으로 성장한 뒤에는 부모에게 힘으로 대항합니다. 심한 경우에는 부모를 때리기도 하고 가출을 감행할 수도 있습니다.

두 번째, 말대꾸하고 대드는 아이에게 부모가 당황해서 어쩔 줄 몰라 하는 모습을 보이는 경우입니다. 이때 아이는 '어? 내가 대드니까 호랑이 같은 엄마 아빠가 쩔쩔매는구나. 좀더 밀어붙여서 내 마음대로 해야지'라는 마음을 갖게 됩니다. 아이는 점점 더 대들면서 기세등등해지고, 부모는 더 뒤로 밀리겠지요. 그러다 급기야는 아이가 부모를 야단치는 지경에까지 이릅니다.

세 번째는 아이가 성장해서 자기 생각을 이야기하는 것이라는 사실을 이해하고, 좀더 조화롭게 타협하기 위해 노력하는 부모입니다. '내가 윽박지르면 듣는 아이가 기분 나쁘겠지? 우리 아버지가 나에게 강압적으로 대할 때 너무 속상했는데 지금 우리 아이도 비슷한 경험을 하겠구나.' 이렇게 아이의 입장에서 생각하는 자세는 아이와의 불쾌한 경험을 피할 수 있도록 도와줍니다. 현명한 부모라면 아무리 어린 아이라도 싫고 좋음에 대한 자기 생각이 분명하다는 것을 인식하고 아이와 관련된 일을 결정할 때 아이의 뜻에 귀를 기울여야 합니다.

엉뚱하다고 생각되는 아이의 말도 인정하고 존중하라

아이는 자신이 느끼는 것을 분명하게 표현할 수 있어야 합니다. 그렇다면 부모는 어떤 방식으로 그것을 독려할 수 있을까요?

"나 건달이 되고 싶어."
"쬐끄만 녀석이 정신이 나갔구나. 훌륭한 사람이 될 생각을 해도 될까 말까인데, 건달? 야, 이 한심한 놈아. 다른 생각 하지 말고 공부나 열심히 해. 시험이 코앞이잖아."
"엄마랑 얘기하기 싫어. 내 방에서 당장 나가."
"이 녀석이 엄마한테 무슨 말버릇이야! 엄마가 틀린 말 했어? 정신 차려!"
"엄마랑 말하면 짜증만 나!"

엄마의 핀잔에 화가 난 아들은 더 이상 공부를 할 수 없겠지요. 건달이 되고 싶다는 아이의 속마음은 어떤 것이었을까요? 아이의 말이 엉뚱하다고 핀잔을 주거나 한심해 하기보다 아이의 말에 담긴 속마음을 함께 공감해 주어야 합니다.

"나 건달 되고 싶어."
"뭐라고? 거참, 재밌는 생각이구나. 어디, 왜 건달이 되고 싶은지 이야기 좀 들어볼까?"

"건달이 돼서 재벌가의 딸과 결혼하면, 힘들게 공부해서 대학 가고 취직하지 않아도 평생 놀고먹을 수 있을 거 아냐."

"하하, 맞다. 엄마한테도 건달 되는 방법 좀 알려줄래. 엄마도 건달 되어서 일 안 하고 놀고먹을 수 있게 말이야."

"나는 잘생겼으니까 재벌가의 딸이 좋아할 거야."

"그러게, 잘생겨서 좋아할 거야. 그런데 아무리 잘생겨도 과연 재벌가의 딸이 공부 못해서 대학도 못 가고 직업도 없는 건달하고 결혼을 하려고 할까?"

이 말에 아이는 씩 웃고 말 것입니다. 공부하기 힘들고 짜증나는 아이의 마음을 엄마가 알아준 것으로 아이는 마음이 편안해지겠지요. 건달이 되어 지긋지긋한 공부를 피하고 싶은 엉뚱한 생각을 엄마가 인정하고 받아준 것이니까요. 이 아이는 아마도 다시 기분 좋게 공부에 전념할 수 있을 것입니다.

의논하는 훈련은 아이의 책임감을 키워준다

아이가 무엇을 좋아하고 싫어하는지 물어보는 것은 자기의 생각을 분명하게 표현할 수 있도록 도와주는 효과적인 방법입니다. 그러나 물어보고 의논해서 결정하는 방식을 아이가 부담스러워할 수도 있습니다.

중학교 2학년인 아이가 무엇이든지 자신의 생각은 말하지 않고 "엄마 마음대로 해"라고 대답합니다. 아이가 어지간히 크고 자기 생각도 분명해질 나이라고 판단한 엄마는 되도록 아이에게 물어본 뒤에 결정하려고 했다가 이내 머쓱해지고 맙니다. 아이는 엄마에게 "엄마가 알아서 하세요. 저는 생각하기 싫어요"라고 말하는 것입니다.

"엄마 마음대로 해"라는 표현의 이면에는 2가지 심리의 기저가 존재합니다. 하나는 어차피 의논이라는 과정은 형식적인 절차일 뿐 결정은 엄마가 할 것이므로 시간 끌 필요 없다는 의사 표현입니다. '중학생이 되었다고 공연히 생각해 주는 척하는 거야. 혹시나 내 생각을 고려해 줄까 얘기했다가 엄마 마음대로 결정해 버리면, 역시나 실망할 게 뻔해. 차라리 대놓고 명령할 것이지, 사람 헷갈리게 왜 저러시는 거야?' 이런 속마음인 거지요.

또 다른 하나는 스스로 생각하고 판단하는 자유가 부담스러운 것입니다. '이렇게 할 것인가 저렇게 할 것인가', 인생이란 셀 수 없이 많은 선택의 연속입니다. 의논하여 선택했다고 해서 아이의 판단이 항상 옳은 것만은 아닙니다. 그 생각과 판단에 대한 책임은 아이 자신이 져야 하고요. 아이는 그 사실을 분명히 알고 있습니다. '불안과 불확실'을 감내해야 하는 선택의 자유에는 책임이 따르게 마련인데, 이러한 불안과 불확실을 피하고 싶은 마음에 부모의 결정과 판단만을 기다리는 것이지요.

불안과 걱정을 회피하기 위해 자신에게 중요한 일의 판단을 다른 사람에게 맡기는 것은, 어른이 되지 않고 계속 어린아이로 남아 있겠다는 것이나 다름없다는 사실을 아이에게 분명히 알려줄 필요가 있습니다. 한두 살만 지나도 아이는 부모와 서로 원하는 것과 싫어하는 것을 분명하게 이야기할 수 있어야 합니다. 엄마와 아이가 서로의 좋고 싫음을 솔직하게 표현하고 그것을 바탕으로 해서 서로의 생각을 말하고 타협하는 것이, 일방적으로 통고하고 결정하는 것보다 훨씬 기분 좋은 방법임을 알려주어야 합니다.

3_만 3세 이전에는 주 양육자를 바꾸지 마라
― 만 3세까지는 민감한 시기

애착의 중요성이 알려지면서 일하는 엄마의 문제가 심각한 이슈의 대상으로 부각되고 있습니다. 일하는 엄마와 아기의 관계에 대한 연구가 지난 20년간 여러 가지 각도에서 다양하게 이루어졌습니다. 실제 연구 결과는 일하는 엄마와 아기의 관계라고 해서 그 애착 관계가 특별히 불안정하게 형성되지는 않는다는 사실을 보여줍니다. 중요한 것은 엄마가 아이에게 관심을 갖고 함께 있는 시간을 최대한 많이 가지려고 노력하면서, 아이와 있을 때는 민감하게 반응해 주어야 한다는 점입니다. 즉 양보다는 질이 중요하다는 말이지요.

요컨대 일하는 엄마가 퇴근해서 단 몇 시간만이라도 아이를 진심으로 보살펴준다면 아이는 엄마와 안정애착을 유지하며 건강하게 자랄 수 있습니다. 하지만 문제는 하루 종일 일한 엄마가 너무 피곤한 나머지 몸이 마음을 따라주지 않는 경우지요. 이런 경우, 아이가 매달리고 보채면 피곤한 엄마는 아이에게 건성건성 대응하다가 결국 짜증을 내게 됩니다.

아이와의 놀이 시간을 정해서 아이도 알고 다른 가족도 알 수 있도록 시간표를 만들어보세요. 이때 피로 회복을 위한 휴식 시간과 아이를 돌보는 시간을 구분하고, 다른 가족의 협력을 적극적으로 요청하는 것도 잊지 마세요.

만약 어쩔 수 없이 주 양육자를 바꾸어야 한다면, 가급적 민감한 시기는 피하라고 당부하고 싶습니다. 대략 아이가 낯을 가리기 시작할 때부터 엄마와 떨어져 유치원에 들어갈 때까지가 바로 이 '민감한 시기'에 해당합니다. 생후 7~8개월부터 36개월 무렵까지이지요. 앞서 이야기한 것처럼 이 시기에는 되도록 주 양육자를 바꾸지 않는 것이 좋습니다. 만일 피치 못할 사정으로 양육자를 바꿔야 한다면 아이가 새로운 양육자에게 적응할 수 있는 시간을 충분히 주세요. 엄마와 새로운 양육자가 같이 아이를 돌봐줌으로써 아이가 엄마를 잃고 낯선 사람에게 맡겨진다는 두려움과 충격을 최소화시켜 주어야 합니다.

안타깝게도 이미 아이가 만 3세까지 여러 번 주 양육자가 바뀌는 경험을 했다면, 아이가 얼마나 힘든 시기를 보냈는지를 엄마가 충분히 이해하고 확실히 깨닫는 것이 가장 시급합니다. 만 3세 이전에 주 양육자가 여러 번 바뀐 아이는 남다른 관심과 보호, 보다 따뜻한 보살핌을 필요로 합니다. 이때 엄마는 특별한 관심과 사랑으로 아이가 새로운 안정애착을 형성할 수 있도록 도와주어야 합니다. 비록 3세 이전까지 힘든 시기를 보냈더라도 엄마의 따뜻한 사랑과 관심이 있으면 새롭게 안정애착을 형성(이것을 '획득한 안정성'이라고 부릅니다)할 수 있다는 것이 임상과 연구를 통해서도 입증된 바 있습니다. 예를 들어, 3세 이전에 엄마를 여의고 좋은 새엄마를 만나 바르게 성장하는 경우를 주변에서 볼 수 있는 것처럼 말이지요.

4 아이 때문에 화가 날 때는 '일단 멈춤' 하라
─합리적 사고

 화가 난다는 것은 자신이 감정적인 반응을 하고 있다는 증거입니다. 감정은 앞서 말한 대로 자극에 대한 몸의 반응이므로, 감정 반응이 일어나고 있다는 것은 지극히 자연스러운 현상입니다. 문제는 좋은 감정 반응이 아닌, 특히 분노를 동반한 나쁜 감정 반응이 일어날 때 감정에 휩쓸려 나오는 대로 반응한다면 심각한 후유증을 남길 수 있다는 점입니다.
 격렬한 감정 반응이 일어날 때 감정을 다스리지 못하면 아이가 분노의 희생자가 되고 사태는 더욱 악화된다는 사실을 상기해야 합니다. 이때 부모는 감정을 다스릴 수 있는 이성을 되찾아서 이성을 통해 자신의 요동치는 감정을 관찰하고, 합리적인 해결책을 모색해야 합니다. 그렇다면 격하고 나쁜 감정 반응이 일어날 때는 구체적으로 어떻게 해야 할까요?

첫번째로, 분노를 동반한 감정적 반응이 일어날 때 맨 먼저 생각해야 할 것은 '절대로 손대지 말라'는 것입니다. 감정을 못 이겨 아이에게 손을 대면 그 후유증은 더할 수 없이 커집니다. 아이의 극심한 분노, 엄마의 죄책감과 그에 따른 엄마의 분노, 엄마의 자기 합리화 등이 뒤따르게 되니까요. 따라서 '화가 날 때는 무슨 일이 있어도 절대로 아이에게 손대지 않는다'는 것을 반드시 지켜야 할 원칙으로 삼아야 합니다.

두 번째로, 복잡하고 혼란스러운 감정에 휩싸이면 이성적으로 생각하기 어려워진다는 사실을 인정하세요. 아이에게 "엄마가 지금 몹시 화가 나고 어찌해야 좋을지 몰라서 혼란스럽구나. 잠깐 나갔다 올게. 지금은 어떤 것도 할 수 없으니 나중에 다시 얘기하자"고 말한 뒤 일단 그 자리를 떠나는 것이 좋습니다. 아이와 감정이 얽힌 자리를 일단 피한 후, 마음을 진정시키고 앞서 일어난 일을 상기하면서 아이와 어떻게 문제를 풀어가야 피해를 최소화할 수 있을지 생각할 시간을 가져야 합니다.

세 번째, 비슷한 감정 반응이 자주 일어난다면, 그때까지 맺어 온 중요한 사람들과의 관계를 반추하면서 비슷한 감정 경험을 한 적이 없는지 생각해 보세요. 특히 부모님과의 관계를 회상해 본다면 해결되지 않은 정서적 문제들이 여러분을 힘들게 하고 있다는 사실을 알게 될 것입니다. 그 문제는 여러분이 스스로 숙고하고 그에 대한 감정을 다스려야 해결할 수 있습니다. 여러분이 풀어야 할 과제로 남아 있는 정서적 문제에 대한 책임을 아이에게 전가

하지 마세요. 자신의 문제와 아이의 문제를 혼동하지 않아야 아이를 건강하게 키울 수 있습니다.

5_ 때려서는 아이의 나쁜 행동을 고칠 수 없다
─체벌에 대한 생각 바꾸기

왜 부모들은 자녀에게 체벌을 할까요? 바로 아이의 옳지 못한 행동을 고쳐주기 위함인데, 전문가들은 부모가 아이를 때리는 체벌이 교육적으로 거의 효과가 없다고 말합니다. 아이의 나쁜 행동은 고쳐지지 않고 오히려 아이가 감정적으로 상처를 받을 뿐 아니라 분노와 억울함과 공포심을 키우게 된다고 합니다. 부모가 고치라고 하는 나쁜 행동에 대한 생각은 매를 맞음과 동시에 다 잊어버리고, 매를 맞을 때 느낀 극렬한 감정만 가슴에 쌓아두는 경우가 대부분입니다.

그렇다고 절대 때리지 말라는 것은 아닙니다. 아이가 너무 흥분해서 다칠 것 같다는 판단이 들 때, 예를 들어 차도로 뛰어든다거나, 아이를 쓰러뜨리지 않으면 위험을 피할 수 없는 응급 상황 같은 경우에는 손을 댈 수밖에 없겠지요.

또한 서너 살 이하의 아주 어린 아이들이 자신의 욕구 때문에 막무가내로 고집을 피워서 도저히 대화로 해결할 수 있는 상황이 아니라고 판단될 때도 아이를 꽉 붙들어서 정신을 차리게 해야 합니다.

세 살짜리 남자아이가 부모와 함께 백화점에 갔습니다. 아이는 그곳에서 자신이 좋아하는 자동차 장난감을 다른 아이가 갖고 노는 것을 보고는 너무 갖고 싶은 나머지 엄마에게 사달라고 졸랐습니다. 그런데 엄마가 들은 척도 하지 않자 바닥에 드러누워 악을 쓰면서 울어대기 시작했습니다. 한바탕 소동이 벌어졌겠지요. 공공장소에서 소란을 피우는 아이 때문에 당황하고 화가 난 엄마는 아이를 데리고 백화점 밖으로 나왔습니다. 아이는 계속해서 장난감을 사달라고 떼를 쓰고 울었습니다. 차가 많이 다니는 백화점 입구에서 아이를 통제할 수 없었던 아빠는 아이의 엉덩이를 세게 때리고 아이의 팔을 꽉 잡은 후, "계속 소란 피우면 더 세게 맞아!"라며 큰 소리로 말했습니다.

이 경우는 아이가 다치지 않게 보호하기 위해서 손을 대야만 하는 상황입니다. 다만 아이에게 손을 댈 때는 '아이를 도와주자'라는 기본 목적을 잊지 말아야 합니다. 아직 행동 처리가 미숙한 아이가 더 큰 피해를 입지 않도록 하는 것이 목적이지, '내 감정을 풀자'는 것이 목적이 아니라는 의미입니다.

위와 같은 상황을 제외하고는 절대 아이를 때려서는 안 됩니다. 아이가 다시는 나쁜 행동이나 말을 하지 않도록 따끔하게 혼

체벌이 아이에게 미치는 부작용

1. 아이는 일단 상황을 피하고 도망갈 생각만 하게 됩니다(때리는 부모가 무서워서 부모가 하는 말이 들리지 않고, 그 순간을 모면하기 위해 건성으로 대답합니다).
2. 부모 말을 들을 이유가 없다는 생각을 키우게 됩니다(때리는 부모가 무서우니 부모를 슬슬 피하게 되고, 대들고 미워하는 상황으로 발전하며, 미운 부모의 말을 들을 이유가 없다고 생각합니다).
3. 때리는 부모가 싫어서 집을 나가고 싶다는 생각을 하게 됩니다(사춘기가 되어 부모에게 저항할 힘이 생기면, 아이는 부모에게 대들고 오히려 부모를 때리다가 가출하기 쉽습니다).
4. 나의 경우 문제가 생기면 매를 맞았으니 다른 아이들도 내 마음에 들지 않으면 때려도 된다고 생각하게 됩니다(집에서 맞고 자란 아이들이 바깥에서도 사람을 때립니다. 그리고 한번 때리기 시작하면 더 자주 세게 때리게 됩니다).

낸다고 아이의 엉덩이, 종아리, 심지어 뺨까지 때리는 부모들이 있습니다. 때리는 것으로는 결코 체벌의 진정한 목적, 즉 '나쁜 행동을 바로잡는다'는 목적에 도달할 수 없습니다. 대부분의 연구 결과에 따르면, 체벌 자체가 오히려 아이의 공격성을 키워서 아이가 또래관계나 대인관계에서 공격성을 드러내는 원인이 된다고 합니다. 매를 맞은 아이가 자라서 자신의 아이를 또 때리는 것과 같은 이치이지요.

부모가 아이의 잘못된 행동을 고치려고 한 행동을 아이가 그대로 배워서 몸에 익히게 되는 것도 심각한 문제를 야기합니다. 아이를 때리지는 않더라도 부모가 아이에게 소리를 지르거나 잔소리를 하는 것 역시 옳지 않습니다. 또 "네가 방 청소를 하니 이제야 돼지우리에서 벗어난 것 같구나", "형처럼 공부한다고 앉았는데 도무지 집중할 줄 모르는구나" 등 빈정거리는 말투로 아이의 태도를 지적하는 것도 아이의 행동을 개선하는 데 전혀 도움이 되지 못합니다. 소리 치기, 잔소리, 빈정거림 등 부모의 모든 행동은 아이가 답습하게 되어, 같은 상황에서 부모와 같은 방식으로 대응할 가능성이 높아진다는 사실을 명심하시기 바랍니다.

좋은 버릇을 칭찬해 나쁜 버릇이 나타날 기회를 차단하라

아이의 버릇을 고치려면 나쁜 버릇을 없애려고 하기보다 좋은 버릇을 칭찬해 주는 것이 보다 효과적입니다. 보통 아이가 엄마에게 혼나는 경우는 욕을 하거나 숙제를 하지 않거나, 동생과 싸우거나 엄마 말을 듣지 않을 때입니다. 그렇다면 엄마 말을 잘 들을 때 칭찬을 많이 하고 좋아하는 반찬을 해주는 등 상을 줘보세요. 동생과 사이좋게 지내는 것도 칭찬해 줄 만한 일이지요. 그러나 대부분의 엄마들은 동생과 사이좋게 지낼 때는 쳐다보지도 않다가 동생과 싸우면 벌을 줍니다. 아이가 동생과 잘 지낼 때마다 상을 준다면 동생과 싸우는 일이 눈에 띄게 줄어들 것입니다.

상을 주고 칭찬해서 좋은 버릇과 행동의 횟수를 늘린다고 해도, 나쁜 행동과 버릇은 나오게 마련입니다. 이럴 때는 때리거나 야단치지 말고 강도를 훨씬 낮춘 순화된 방법으로 체벌을 해야 합니다. 벌을 주는 목적은 아이를 위협하고 겁주기 위한 것이 아니라 잘못된 행동을 교정하기 위해서입니다. 그런데 행동의 교정은 스스로 생각하고 고쳐야겠다고 결심할 때 제대로 이루어집니다.

제 딸아이가 세 살 때 떼를 쓰고 울음을 그치지 않기에 화장실에 들어가 있으라고 한 적이 있습니다. "울음을 그치고 떼를 쓰지 않아야겠다는 생각이 들 때까지 화장실 안에 있어. 그리고 네가 나오고 싶을 때 나와라. 아빠는 화장실 문 앞에서 신문을 읽으면서 네가 나올 때까지 기다릴게"라고 아이에게 말했습니다. 만약 제가 아이에게 "이 녀석, 그렇게 떼를 쓰니 화장실에 들어가서 생각을 해야겠구나. 아빠가 나오라고 할 때까지 화장실에서 반성하고 있어!"라고 했다면 어땠을까요?

많은 부모가 타임아웃 방법을 쓸 때 후자를 선택하는 것 같습니다. 그러나 아이가 스스로 나왔을 때와 아빠가 나오라고 해서 나왔을 때 이후의 상황은 전혀 다른 양상으로 전개됩니다. 과연 화장실 안에서는 무슨 일이 일어날까요? 후자의 경우에는 하고 싶은 것을 아빠가 못 하게 해서 화가 난 아이가 아빠가 나오라는 시간까지 계속 아빠와 대립할 것입니다. 벌을 주는 아빠가 너무 밉고, 도대체 언제까지 나를 세워둘 작정인지 속이 상한 나머지 잘못을 뉘우칠 생각을 하지 못하겠지요.

그러나 전자의 경우에는 처음에 아빠를 미워하며 대립하는 것은 후자와 동일하지만, 스스로 나갈 때를 결정해야 하기 때문에 아이는 자신을 들여다보게 됩니다. 다시 말해 그때부터는 아이와 아이 자신의 싸움이 되는 것이지요. 화가 나서 이성을 잃은 자신과, 마음이 가라앉고 밖으로 나가기를 바라는 자신이 마음속에서 겨루다가 이내 마음을 가라앉히고 아이 스스로 나오게 되는 것입니다.

문 밖에는 아빠가 기다리고 있습니다. 아이가 바깥으로 나왔을 때는 아빠의 감정도 가라앉은 뒤이지요. 아이는 떼를 쓰고 화를 내는 행동이 환영받지 못할 행동이라는 것을 반복적인 타임아웃을 통해 인지하게 됩니다.

가정마다 특정한 장소를 마련해 반성하는 공간을 만들어보세요. 많은 부모님과 선생님이 알고 있는 방법으로, 의자 하나를 정해서 '생각하는 의자'로 이름 붙여놓고 아이가 나쁜 행동을 할 때 그 의자에 앉히는 것도 좋은 방법입니다. 저의 경우처럼 화장실도 괜찮습니다. 아이가 거울을 보면서 생각하다가 감정이 누그러지면 얼굴을 씻고 나올 수도 있으니까요.

타임아웃 시간은 한 살 된 아이에게는 1분 정도가 적당합니다. 세 살짜리 아이는 3분, 다섯 살은 5분 정도가 좋습니다. 그런데 많은 엄마들이 아이에게 잘못했으니 손을 들고 있으라고 벌을 주고는 20분, 30분, 심지어는 1시간도 세워놓습니다. 아이의 감정이 가라앉고 스스로 생각할 수 있는 시간을 갖도록, 그래서 아이들이 갈

등 상황에서 스스로 빠져나오도록 하는 것이 타임아웃의 목적인데, 아이를 너무 오래 세워두면 자신의 행동을 반성하기보다는 오히려 오래 벌을 세워놓은 엄마에 대한 원망에 사로잡히게 됩니다.

재미있게 해야 할 활동을 처벌 방법으로 쓰지 마라

때리지 않고 벌을 주는 방법 중에서 부모들이 흔히 쓰는 방법이 숙제를 더 내준다든지, 하루 30분 연습하기로 되어 있는 피아노를 1시간 더 치게 한다든지, 외식이나 나들이에서 제외시키는 것입니다. 학교 선생님 중에는 벌로 수업이 끝난 후에 학교에 남아서 나머지 공부를 시키는 분들도 있습니다.

  숙제 하기, 피아노 치기, 학교에 남아 있기 등은 아이들이 신나게 해야 할 활동들입니다. 학교 가는 것은 신나고 재미있어야 하고, 숙제를 하거나 피아노를 치는 것도 재미가 있어야 아이들이 흥이 나서 스스로 더 잘할 수 있습니다. 그런데 이렇게 재미있어야 할 활동을 처벌 방법으로 쓴다면 아이들에게 어떤 기억으로 남게 될까요?

  벌로 피아노 연습을 했다면 그다음에 즐거운 마음으로 피아노를 칠 수 있을까요? 아마도 벌 받을 때 느꼈던 원망과 미움이 피아노만 보면 되살아나서 지긋지긋해질 것입니다. 학교에서도 잘못을 저지른 아이에게 담임선생님이나 교장선생님과의 개별 면담을 강요하는 때가 더러 있는데, 이 경우 역시 존경하고 친하게 지내야 할 선생님이 졸지에 무섭고 만나기 싫은 인물이 되어버립니다. 방과 후에 학교에 남아서 벌을 받는 것 역시 아이에게 학교에 대한 끔찍한 인상을 심어줄 뿐입니다. 아이가 즐겁게 받아들여야 할 환경을 부정적인 감정으로 인식시키는 벌은 결코 바람직하지 않습니다. 그 밖에도 아이에게 다시는 그런 짓을 하지 않겠다고 수십 번 반복해서 말하게 하는 벌 역시 교육적 효과를 기대하기 힘듭니다.

"너 잘못했어, 안 했어? 잘못했지? 잘못했다고 말해!"

"크게 말해! 안 들려! 잘못했다고 크게 말하라고! 다시!"

이것은 아이를 고문하는 것이지 버릇을 가르치기 위한 옳은 방법이 아닙니다. 잘못했다고 인정하는 것은 한 번으로 족합니다.

아이에게 벌을 줄 때의 유의 사항

1. 즉각적인 효과가 있는 벌이어야 합니다. 특히 벌을 받은 그날 혹은 그 이튿날에 행동에 변화가 있어야 합니다. 그렇지 않다면 벌의 효과는 없는 것이나 마찬가지이지요. 벌만으로는 일반적으로 별 효과가 없고, 있어도 며칠뿐입니다.
2. 아이가 벌에 익숙해지면 혼이 나도 며칠 후에는 똑같은 잘못을 저지릅니다. 그러면 부모는 아이를 더 심하게 혼내게 됩니다.
3. 벌을 줄 때 빠지기 쉬운 함정
   - 한번 효과를 봤을 땐 그 방법을 더 자주 쓰기 쉽습니다. 소리 지르는 것이 체벌로 이어지고 급기야는 폭행 수준으로까지 치닫기 쉽지요.
   - 효과가 며칠 못 가면 더 호되게 혼을 내게 됩니다.
   - 아이가 크면 때리는 것에도 한계가 있어, 부모는 어쩔 줄 몰라 하다가 결국에는 아이를 포기하고 방치하게 됩니다. 이런 경우 아이는 점점 더 제멋대로가 되기 쉬운데, 부모들은 최후의 수단으로 정신병원에 데려오거나, 극단적인 경우에는 경찰을 부르기도 합니다.

6_ 가정에 재판 절차를 도입하라
—공정하고 예측 가능한 절차 만들기

직장 상사가 부하 직원의 잘못을 나무라며 변명할 단 한 번의 기회도 주지 않습니다. 엄마가 숙제를 해놓지 않은 아이에게 화를 내고 잔소리를 하면서 컴퓨터 게임을 한 달간 못 하게 합니다. 아내가 잘못을 저지른 남편을 일방적으로 몰아붙이면서 변명의 기회도 주지 않습니다. 부하 직원과 아이, 그리고 남편은 악 소리 한 번 못 지르고 능력 없는 사람, 엄마 말 안 듣는 나쁜 아이, 형편없는 남편으로 전락하고 벌을 받습니다. 그런데 이런 일은 힘의 균형이 깨진 어느 상황에서나 수시로 일어납니다.

아이가 잘못해서 벌을 받거나 비난받아 마땅한 상황이라 하더라도, 아이에게 자신의 행동에 대해 변명할 기회를 주세요. 저는 제 진료실을 찾아오는 부모님들에게 농담처럼 이런 부탁을 합니다. "형을 집행하기 전에 아이에게 최후 진술의 기회를 주십시

오." 엄마에게 벌을 받고 따가운 비난을 받더라도 최소한의 변명이라도 할 수 있다면 아이에게 '한'은 남지 않게 됩니다. 이 원칙은 부부 사이, 친구 사이는 물론 모든 대인관계에 적용되어야 합니다. 변명을 들어야 할 때는 합리적인 이성을 갖고 참을성 있게 들으려고 노력하세요.

초등학교 4학년인 인희는 중간고사를 앞두고 있었습니다. 오늘까지 엄마가 시킨 수학 문제집을 다 풀어야 하고, 그전에 피아노와 수학 학원에도 다녀와야 했습니다. 엄마는 할 일이 많으니 서두르라고 재촉했습니다. 인희는 학원에 다녀온 후 방 안에서 꼼짝하지 않고 수학 문제집을 풀어야 했습니다.

"인희야, 저녁 9시까지 다 풀어라. 엄마가 9시 30분에 검사할 거야."

"네, 지금 열심히 풀고 있어요."

거실에서 일하는 틈틈이 엄마는 인희에게 문제집을 제대로 풀고 있는지 물었습니다. 그때마다 인희는 넙죽넙죽 대답은 잘했지요. 8시 30분쯤 정말 잘 풀고 있는지 확인하려고 엄마가 인희의 방으로 들어갔는데, 인희는 색종이와 가위, 풀을 가지고 인형옷 만들기를 하고 있었습니다. 그것을 본 엄마는 화가 머리끝까지 나서 "너, 지금까지 문제집 푼다고 대답만 하고 놀기만 했구나. 이게 엄마를 속여!" 하고 소리치고는 인희에게 회초리를 가져오라고 야단했습니다. 엄마를 속였다는 '죄'로 인희는 종아리 열 대를 맞았고, 결국 수학 문제집은 풀지 못했습니다. 종아리를 맞은 인희가 수학 문제집을 거실로 내던지고 문을 잠근 뒤 울다가 잠이 들었기 때문입니다.

문제집을 풀지 않았으면서 푼다고 거짓말을 한 것은 인희의 잘못입니다. 그런데 왜 그랬는지는 인희에게 물어봤어야 합니다. 사실 엄마가 내준 수학 문제집은 인희가 풀기에는 너무 많은 분량이었습니다. 어차피 다 풀지 못할 양이었고, 다 풀지 못하면 엄마에게 혼이 나게 되어 있었던 것이지요. 인희는 엄마와 약속한 1시간 전까지만 놀다가 엄마가 들어오기 전에 정답지를 보면서 다 풀어놓은 것처럼 할 심산이었다고 합니다. 엄마가 매를 들기 전에 인희에게 물어봤더라면, 인희는 양이 너무 많아서 포기했다고 얘기했을 겁니다. 그랬다면 엄마는 인희가 풀 수 있는 만큼 양을 조정해 주었겠지요. 그럼 조금이라도 문제를 풀었을 테고, 결과적으로 한 문제도 못 풀게 되는 일은 없었을 것입니다.

벌 받는 과정은 재판과 같아야 한다

재판은 법을 어긴 사람을 어떻게 처벌할 것인지를 의논하는 절차입니다. 범인으로 지목된 사람에게도 자기 변론의 기회가 주어지며 피의자도 변호사를 선임할 수 있습니다. 검사 역시 죄인의 잘못을 증명하는 논리적인 주장을 펴는데, 최종적인 판단과 구형은 재판관이 하도록 되어 있습니다. 재판의 과정은 이처럼 공개적이고 예측 가능합니다. 그러나 대다수의 엄마들은 아이에게 벌을 줄 때 구형하는 검사, 판단하는 판사, 형을 집행하는 집행인의 노릇까지 다 하게 되지요. 그런데 변호사의 모습은 엄마의 재판 과정 어디에서도 찾아볼 수가 없습니다.

아이를 벌줄 때의 과정도 재판과 같아야 합니다. 아이는 어떤 행동이 규칙을 어기는 것에 해당하는지 미리 숙지하고 있어야 합니다. 그래야 정해진 규칙을 어겼을 때 재판과 같은 과정을 거쳐 어느 정도의 벌을 받을 것인지 예측할 수 있게 됩니다.

우선 아이를 포함한 온 가족이 모인 자리에서, 어떤 경우에 '벌'을 받게 되는지 미리 정하는 것이 좋습니다. 벌의 종류에 대해서도 미리 정해놓아야 합니다. 온 가족이 모여서 결정한 규칙이므로 아이는 싫어도 받아들일 것입니다.

동생을 때리고 욕을 한 형을 예로 들어볼까요. 화가 난 엄마가 형과 동생을 모두 한자리에 부릅니다.

먼저 형에게 욕을 듣고 맞기까지 한 동생에게 상황을 설명하고 형의 잘못을 지적하게 합니다.

두 번째, 동생의 상황 설명에 대해 형에게 변론할 기회를 줍니다.

세 번째, 형의 얘기를 들은 뒤 형에게 무슨 벌을 주면 좋겠느냐고 동생에게 물어봅니다.

네 번째, 동생이 구형한 벌의 내용에 대해 형의 생각을 물어봅니다.

마지막으로, 엄마가 판단해서 형과 동생에게 판단의 내용을 설명한 후 잘못을 저지른 형에게 구형(타임아웃, 심부름 등)을 합니다.

당사자들이 느끼는 속상함과 억울함 등의 감정 반응은 모두 함께 공유하고, 판단의 과정은 감정이 배제된 상태에서 합리적으로 처리해야 합니다. 처음에는 힘이 들겠지만 계속 연습하면 아이들도 부모도 익숙해지고, 결국은 벌주는 일 자체가 줄어들 것입니다. 아이는 잘못을 하더라도 자신이 이미 알고 있는 절차에 따라 벌을 받게 될 테니 불안하거나 초조하지도 않겠지요. 오히려 벌을 받는 과정을 통해 자신의 행동을 돌이켜보고 반성할 수 있게 됩니다.

비록 엄마의 판단이 공정하지 않더라도, 엄마도 최선을 다해 자신과 동생의 얘기를 듣고 객관적으로 판단하려고 노력했음을 아이가 인식하게 됩니다. 이런 환경에서 자란 아이들은 학교나 사회에서 갈등이 생기더라도 합의한 절차에 따라 문제를 해결하려 할 것입니다. 결국 가정에서부터의 이런 훈련을 통해 아이들은 민주적인 리더로 자연스럽게 성장할 수 있습니다.

7_ 학원에 보내는 것만이 능사는 아니다
─전문 교육이 아닌 적기 교육을

30대 중반의 엄마가 초등학교 1학년짜리 아들을 데리고 병원을 찾았습니다.

"이 녀석이 한 달 전부터 거의 매일 악몽에 시달리는지 잠을 자다가도 갑자기 깨서는 눈에 헛것이 보이는 것처럼 '엄마 나 죽을 거 같아' 하며 고통스러워해요. 꿈에서 괴물이 자기를 죽이려 한다고 그러네요. 좀 지나면 나아지려니 했는데 매일 비슷한 꿈을 꾸면서 아이가 우니 너무 걱정이 돼요."

여덟 살짜리 아이의 꿈에 보인 괴물이 과연 누구일까요? 이번에는 좀더 학년이 높은, 심리적으로 건강한 아이의 경우를 예로 들어보겠습니다. 초등학교 3학년인 인경이는 시험을 일주일 앞두고 엄마가 자신에게 총을 겨누는 악몽을 꿨다고 합니다. 엄마에게서 받는 공부 스트레스와 유언·무언의 압박이 아이들의 목을 조르는 셈이지요.

태권도 학원, 피아노 학원, 미술 학원, 수학 학습지, 영어 학원, 웅변 학원……. 이것이 초등학교 1학년짜리 아이가 하고 있는 과외 공부입니다. 다른 아이들의 경우도 크게 다르지 않았습니다. 제 진료실을 찾아오는 아이들은 대개 5~10가지 정도의 사교육을 받고 있었습니다. 물론 초등학교 고학년이 될수록 가짓수는 더 늘어나지요.

아이가 특별한 흥미와 재능을 보이지 않는 한, 피아노나 바이올린은 그만두는 것이 좋습니다. 부모들은 흔히 피아니스트를 만든다기보다 어른이 되어 교양 있는 생활을 할 수 있도록 피아노 학원에 보낸다고들 합니다. 그런데 피아노로 직업을 삼을 만큼 재능 있는 아이가 과연 몇이나 될까요? 그것도 아니라면 교양을 위해 피아노를 즐길 수 있는 아이가 몇 명이나 될까요? 극소수를 제외하고 대다수의 아이들이 피아노를 엄마에게 혼나가면서 억지로 배우다가 결국에는 그만두곤 합니다. 아이는 피아노와 엄마를 함께 떠올리면서 지긋지긋해 하지요. '부자유친'이라고 했지요? 그러나 이렇게 하다가는 피아니스트는커녕 엄마와 아이 사이의 부자유친마저 엉망이 되기 쉽습니다.

초등생 아이들에게 가장 좋은 과외 공부는 몸을 많이 움직이고 함께 즐기면서 배우는 종류의 놀이나 스포츠입니다. 부모들이 강조하는 인지적 학습은 아이가 최소한 사춘기 나이는 되어야 효과가 제대로 나타나는데, 전전두엽이 성숙해야 인지적 학습이 본격적으로 이루어지기 때문입니다. 전전두엽은 서서히 발달하여 25세까지 꾸준히 성숙해 갑니다. 그렇다면 그 이전의 아이의 뇌는 어떤 뇌일까요? 그것은 공부하는 뇌가 아닙니다. 느끼는 뇌, 경험하는 뇌이지요.

어린 시절은 특히 사회성 뇌가 성숙하는 시기입니다. 사회성 뇌는 사회적 자극에 의해 발달합니다. 아이의 뇌 발달 단계에 맞는 적절한 자극과 교육이 이루어져야 아이가 정상적으로 건강하게 자라겠지요? 받아들일 하드웨어가 성숙하지 않은 상태에서 소프트웨어만 어렵고 고급한 것을 설치한들 그것이 제대로 작동할 리는 만무합니다. 어린 아이일수록 사회성 뇌를 발달시킬 수 있는 자극, 즉 다른 사람과 잘 어울리는 방법을 가르쳐주는 것이 절대적으로 중요합니다. 사회성 뇌는 다 자란 후에는 변화시키기가 매우 어렵기 때문입니다.

여럿이 함께 규칙을 지키고, 자신의 욕구와 이해를 남들과 조율하며 인내하는 훈련을 위한 단체 운동이나 단체 활동이 뇌 발달에 효과적입니다. 남자아이들에게는 축구나 태권도를, 여자아이들의 경우에는 걸스카우트 같은 클럽 활동을 권해보세요. 아이들은 이러한 활동을 통해 무엇보다 시간을 준수하는 습관을 자연스럽게 배우게 됩니다. 두 번째로는 질서를 지켜야 한다는 사실을 습득하게 됩니다. 자기 위치를 지키고, 줄서기를 하는 등 여럿을 위해 질서를 지킨다는 것이 무엇인지 알게 되는 것이지요. 세 번째로는 남들과 협력하는 방법을 배울 수 있습니다. 축구의 경우,

공을 차고 싶어도 자신에게 기회가 올 때까지 기다려야 하지요. 이러한 활동들을 통해 아이들은 남을 위해 자기를 버리는 것, 모두가 행복하기 위해 남들과 협력하는 법, 다른 사람을 배려하고 생각하는 법 등 대인관계의 기본이 되는 중요한 품성을 자연스럽게 배울 수 있습니다. 여럿이 뛰어놀면서 사회성을 키워야 할 나이에 피아노와 바이올린으로 아이를 묶어놓는다면, 그 시기에 반드시 배워야 할 사회적 훈련은 언제 제공할 수 있겠습니까?

8_ 과잉보호는 아이의 정서적 성장을 방해한다
―한계와 타협하는 방법 가르치기

발육이 정상적인 아이들은 보통 첫돌 무렵부터 걸음마를 시작합니다. 아이들은 혼자 걷기 시작하면서부터 자기 마음대로 여기저기 다녀보고 싶어 합니다. 부모의 말을 듣기보다는 자기 생각대로 하고 싶어 하지요. 아이는 심리적, 육체적으로 성장할수록 부모의 통제 없이 하고 싶은 것들이 많아지는데, 이는 지극히 자연스러운 발달 과정으로 볼 수 있습니다.

아이가 자라면서 자의식이 더욱 강해지고 자기 혼자 하고 싶어 하는 것이 많아질 때 부모는 어떤 방식으로 대처해야 할까요? 이때는 아이에게 '현실적 한계'를 제시하고, 현실에 맞추어 자신의 욕구를 조정하고 타협하는 법을 익히게 해야 합니다. 아이의 성장을 대견하게 지켜보며 즐거워하고 아이의 감정과 욕구를 인정해 주는 것과 동시에 모든 게 자기 뜻대로 되지 않는 게 세상일임을 알게 해주어야 한다는 말입니다.

　유치원에 다니는 여섯 살짜리 민기는 자기가 하자는 대로 놀아주지 않는 또래 친구들을 때리고 괴롭혀서 결국 유치원을 그만두었습니다. 종이 공작, 함께 춤추기, 음식 만들기 등 아이들이 함께 참여하는 시간마다 민기는 이래라저래라 하며 자기가 좋아하는 대로 아이들에게 명령했습니다. 물론 친구들이 민기의 말을 잘 따라줄 때는 문제가 없었지요. 그런데 시간이 지날수록 민기 마음대로 하는 것에 화가 난 아이들이 한두 명씩 민기와 다투기 시작했습니다. 민기도 대드는 아이들을 한 대씩 쥐어박고는 팔을 뒤로 꺾어서 자기 말을 듣겠다고 할 때까지 놓아주지 않았습니다.

　그런 민기가 집에서는 어떤 아이였을까요? 외동아들인 민기는 엄마 아빠는 물론 이웃에 사는 할머니와 할아버지 들에게도 세상에 둘도 없는 귀한 왕자님이었습니다. 당연히 민기가 하고 싶다는 것, 갖고 싶다는 것은 무엇이든 어른들이 들어주었겠지요. 한마디로 민기는 제멋대로인 아이였고, 집안 식구들도 하나같이 민기가 휘두르는 대로 따라주었답니다.

　과거 한때는 잡고 휘두르는 타입이 카리스마 있어 보이고, 남자답다고 여겨지기도 했지요. 하지만 요즘 세상에서는 그런 사람들의 행동 방식이 통하지 않습니다. 사회생활에서도 마찬가지입니다. 다른 사람과 타협하고 협상하는 것을 배우지 못한 사람들은 점점 살기 힘들어지고 있지요. 평생 다른 사람에게 박수 쳐주면서 살 수만은 없기 때문입니다. 민기의 경우도 집에서는 아무 문제가 없었는데, 유치원에서 다른 아이들이 자기 말을 듣지 않고 반기를 드니 당황스러웠을 겁니다. 그래서 힘으로 친구들을 제압해 보려고 한 것이지요. 하지만 모두가 함께 하는 게임이나 운동, 놀이에서는 제멋대로인 민기 같은 아이들은 소수로 밀릴 수밖에 없고, 결국 외톨이로 남게 됩니다.

아이들을 과잉보호하는 부모들은 크게 세 가지 타입이 있습니다. 이들은 공통적으로 현실적 한계를 설정해 주고 그와 타협하는 방법을 가르쳐야 하는 부모의 기본적 책임을 회피합니다.

첫번째는 아이의 비위를 맞추는 타입입니다. 이런 유형의 부모들은 "엄마 미워, 아빠 싫어"와 같은 말이 아이 입에서 나오면 당황하고 어쩔 줄 몰라 합니다. 그래서 "엄마 최고야, 아빠 너무 좋아"라는 말을 듣기 위해 아이가 해달라는 것은 무조건 다 들어주지요. 그러니 아이에게 끌려다닐 수밖에요. 원하는 것을 늘 손에 넣었던 아이는 결국 부모를 제 마음대로 휘두르고 통제하려 듭니다.

두 번째는 아이가 해달라는 것을 다 해주다가 간혹 인내심의 한계를 느끼는 부모들입니다. 아이의 기를 꺾지 않겠다고 해달라는 것은 뭐든 들어주지만 마냥 그러기는 쉽지 않겠지요. 가끔가다 "안 돼, 그러지 마"라고 하는 부모의 반응에 아이는 어떤 행동을 보일까요? 여태까지 해달라는 대로 해주던 부모가 안 된다고 하면 아이는 당황합니다. 그러면 당연히 떼를 쓰고 고집을 부리겠지요. 아이가 떼를 쓰면, 안 된다고 했던 부모는 결국 굴복하고 아이가 하자는 대로 합니다. 과잉보호를 받는 아이들이 떼쟁이가 되는 것도 이 때문입니다. 아이에게 굴복하지 않고 끝까지 안 되는 이유를 설명하면서 아이가 받아들이게 해야 함에도 불구하고, 부모는 하는 수 없이 중간에 포기하고 맙니다. 아무리 힘이 들어도 해야 할 일은 끝까지 해야 합니다. 부모가 책임을 방기한 피해는 고스란히 아이의 몫이 될 테니까요.

마지막으로 매우 고집스러운 신념을 가진 부모들입니다. '절대로 아이의 기를 꺾으면 안 된다'는 고정관념으로 무장한 사람들이지요. 경제적으로 부유하고 최고의 교육을 받은 부모들, 스스로 엘리트라고 자부하는 사람들에게 주로 발견되는 양육 태도이기도 합니다.

이들은 절대로 아이가 기죽을 만한 행동을 하면 안 된다고 생각하고, 개성이 강한 아이로 키워서 아이가 세상에 나가서도 자기주장을 똑똑히 펼치고 실현하면서 살기를 바랍니다. 물론 독특한 개성을 지니고 사는 것도 중요한 일이지만, 자기 자존심은 절대 굽히지 않고 마음대로 하려는 사람을 받아줄 만한 곳은 아무 데도 없습니다. 세상이란 같이 의논하고 조금씩 양보하면서 사는 곳이지요. "나는 다 얻어 갈 테니 너는 얻어 가든지 말든지 마음대로 해"라는 마음으로 사는 곳이 아닙니다.

과잉보호는 아이가 자기가 원하는 것만 하도록 내버려둠으로써, 아이를 계속 어린 아이의 상태에 머물게 합니다. 타협과 절제의 훈련으로부터는 철저히 배제된 채로 말입니다. 몸은 자라서 학교에 가지만 마음 씀씀이는 두 살배기 어린애로 머물러 있는 것이지요. 집에서는 두 살처럼 굴어도 문제될 게 없겠지만, 학교 친구들은 반 친구가 두세 살에 하던 버릇을 일고여덟 살이 되어서도 하려고 드니 이해하기 힘들 수밖에요. 다른 아이들과 너무 다른 마음 상태를 가진 아이가 결국 친구들과 어울리지 못하고 따돌림을 당하게 되는 것은 어찌 보면 매우 당연한 일입니다.

9_ 컴퓨터 하는 꼴은 봐야 한다
—기호와 중독 사이

초등학교부터 사춘기까지의 아이들 사이에서 컴퓨터 중독이 때로 큰 문제로 발전하는 것 같습니다. 흔히 '중독'이라고 불리는 심각한 상태에 빠지는 경우가 비일비재한데, 이는 부모와 아이 사이에 컴퓨터 사용에 대한 사전 협의가 없거나, 있더라도 부모가 조절하고 체크해 주지 못하는 경우가 많기 때문입니다. 그렇다고 인터넷과 함께 성장한 아이들에게 무조건 컴퓨터 게임을 하지 못하게 하는 것은 불가능해 보입니다.

"우리 애는 매일, 하루 종일, 허구한 날 컴퓨터에 빠져 살아요. 공부하고는 아예 담을 쌓았다니까요. 중독이 틀림없어요. 방에 두었던 컴퓨터를 거실로 옮겼는데도 여전히 제가 자리만 비우면 컴퓨터 앞에 앉아 있어요. 아무리 혼을 내도 듣지 않고, 컴퓨터를 없애버리려고도 했지만, 그랬다가 아이가 PC방을 전전하면서 집에 아예 들어오지 않을까봐 겁이 나서 이러지도 저러지도 못하겠어요."

초등학교 6학년인 아들을 이미 '컴퓨터 중독'으로 단정한 후에 병원을 찾아온 엄마의 이야기입니다. 반 아이들 모두 다 하는 컴퓨터 게임을 이 아이도 하고 싶어 했다고 합니다. 그런데 컴퓨터 앞에만 앉으면 엄마가 달려와 소리를 지르고 못 하게 하는 통에, 아이는 엄마가 잠시라도 자리를 비우면 그때마다 모니터 앞에 앉았다고 했습니다. 아이가 하루 중 컴퓨터를 하면서 보낸 시간은 많으면 3시간, 적으면 1시간 정도였지요.

"어머님, 아드님이 컴퓨터를 하루 1시간에서 아무리 오래 한다 해도 3시간 이상은 못 하겠네요. 학원도 가야 하고 나름대로 바쁘지 않습니까? 그런데 왜 하루 종일 한다고 생각하세요?"

아이 엄마에게 실제로 아이가 컴퓨터 앞에 앉아 있는 시간이 엄마가 생각하는 것만큼 그렇게 길지 않다는 사실을 알려주고, 아이와 엄마가 함께한 자리에서 컴퓨터 시간을 어떻게 조절할 것인지 의논한 뒤 시간표를 짜게 했습니다.

"아이에게 아예 컴퓨터를 못 하게 할 수는 없습니다. 자기 할 일을 다 하면 어느 정도는 허용해 주셔야 해요. 하루 몇 시간 정도면 괜찮으시겠어요?"

"아무리 생각해 봐도 하루 1시간 이상은 곤란해요."

아이에게도 하루 몇 시간 정도의 컴퓨터 시간이 필요하냐고 물어봤습니다.

"엄마는 컴퓨터 앞에 앉으면 무조건 게임만 하는 줄 아는데, 숙제 조사도 하고 친구들 메일도 봐야 하고 다른 것도 해야 해요. 아무리 줄여도 하루 2시간은 해야 한다고요."

결국 컴퓨터 사용 시간은 숙제와 학원 시간에 무리를 주지 않는 범위에서 하루 최장 1시간 30분까지 허용하는 것으로 결론을 내렸습니다. 보통의 아이들은 웬만해서는 엄마들이 생각하는 심각한 중독의 수준으로까지 치닫지는 않습니다. 그러니 너무 염려하지 말고 아이의 기호를 존중해 주세요. 다만 과도하게 사용하는지의 여부는 아이가 스스로 컴퓨터 시간을 조절할 수 있을 때까지는 주의 깊게 지켜보고 체크해 주셔야 합니다.

또 다른 예로, 전교에서 1, 2등을 다툴 정도로 총명하고 공부를 잘하는 학생이었지만 '리니지'라는 컴퓨터 게임에 빠져 결국 입원까지 해야 했던 중학생 아이가 있었습니다. 부모가 맞벌이 부부여서 아이가 컴퓨터 하는 시간을 조절하고 체크해 주지 못했던 것입니다.

아이는 우연히 알게 된 컴퓨터 게임에서 최고가 되고 싶어 열심히 게임을 했다고 합니다. 총명한 아이였기 때문에 게임도 아주 잘했습니다. 수업 시간에도 게임 생각만 하고, 자고 있을 때도 컴퓨터 게임을 하는 꿈을 꿀 정도였습니다. 그야말로 자나깨나 '리니지' 게임으로 머릿속이 꽉 차 있었던 셈이지요. 상황이 심각하다고 생각한 엄마는 뒤늦게 아이의 게임 시간을 제한했지만, 바깥일로 바빠서 꼼꼼히 체크하는 것이 불가능했습니다. 급기야 화가 난 엄마는 컴퓨터의 하드디스크를 빼서 자신의 차 트렁크에 넣고 다녔습니다.

컴퓨터를 빼앗긴 아이는 수업을 빼먹고 PC방으로 가서 게임에 열중했습니다. 나중에는 아예 학교에도 가지 않고 PC방을 전전하면서 중독 증세까지 보였던 겁니다. 아이가 게임을 끊고 학교 공부에 복귀하고 싶어도, 게임의 유혹은 아이를 끊임없이 PC방으로 이끌었습니다. 결국 심각한 게임 중독으로부터 일시적으로 격리시키기 위해 아이를 병원에 입원시키게 된 것이지요.

부모님이 모니터링을 하지 못하고 컴퓨터 게임에 대해 확실하게 규칙을 정해놓지 않은 가정에서는 아이들이 컴퓨터 게임 시간을 스스로 조절하지 못해 심각한 상황에 빠져들 수 있습니다. 기본적으로 부모와 사이가 좋아서 편안하게 의논할 수 있는 아이들은 중독에 빠지지 않습니다. 아이를 컴퓨터 중독으로부터 보호하려면 아이들과 의논해서 컴퓨터 게임을 언제 몇 시간씩 할 것인지 먼저 협상하세요. 협상과 의논의 결과는 시간표로 보여주는 것이 좋습니다. 그리고 자녀가 시간표대로 게임 시간을 지켰는지는 부모가 꼼꼼하게 체크해 주어야 합니다.

보통 엄마들이 원하는 컴퓨터 게임 시간은 하루 1시간이 제일 많았습니다. 1시간이 넘으면 아이가 컴퓨터 중독이 될까봐 불안해진다고 합니다. 반면 아이는 하루 2시간을 원하는 경우가 많았습니다. 엄마가 원하는 시간과 아이가 원하는 시간을 의논하고 협상한 뒤에 규칙을 만든다면 아이가 게임 중독에 빠져드는 일은 일어나지 않을 것입니다. 만일 아이가 아예 컴퓨터 게임 근처에도 가지 못하게 해야 한다고 생각하는 부모라면 생각을 좀더 유연하게 할 필요가 있습니다. 재미있고 좋아하는 게임을 못 하게 하면, 부모를 속이고 PC방을 전전할 테니까요.

그런데 왜 아이들은 컴퓨터와 TV에 매달리게 되는 걸까요? 그건 바로 부모와 친하지 않기 때문입니다. 엄마 아빠와 말도 통하지 않고 바빠서 얼굴 볼 시간도 없는 데다, 간혹 같이 있을 때면 잔소리나 하고 야단만 칩니다. 그래서 아이들이 부모와의 서먹한 관계를 피할 도피처로 컴퓨터 게임을 선택하는 것 같습니다. 아니면 부모와 대화를 하고 싶어도 부모가 너무 바빠서 얼굴 볼 시간이 없으니, 외로운 아이들이 그 도피처로 TV나 컴퓨터 게임에 몰입하는 듯합니다.

아이가 지나치게 컴퓨터 게임을 하는 것처럼 여겨진다면, 아이와 보내는 시간을 절대적으로 늘려야 합니다. 하지 말라고 야단치거나 잔소리하기보다 게임을 대신할 다른 활동을 아이와 함께 해보세요. 주말에 아이가 하루 종일 컴퓨터만 한다면 짧은 여행, 영화 보기, 쇼핑하기, 스포츠클럽에서 운동하기 등을 제안해 보는 것도 좋습니다. 컴퓨터 게임 말고도 얼마든지 재미있는 일들이 있다는 것을 알려주고 호기심을 분산시켜 주세요.

10_ 사춘기 자녀들은 부모와 거리를 두어야 한다
―의존에서 독립으로

옛말에 '춘래불사춘(春來不思春, 봄이 와도 온 줄 모른다)'이라는 말이 있습니다. 이 시구처럼 아이는 자신이 사춘기인지 아닌지 알지 못합니다. 다만 많은 부모들이 말을 잘 듣던 착한 아이가 어느 날부터 말대꾸를 하기 시작했다며 사춘기가 아니냐고 물어봅니다.

사춘기의 갈등은 아이들이 어른만큼 성장했다는 것을 부모들이 인정하지 않고 초등학생처럼 아이 취급을 하면서 생겨나기 시작합니다. 자녀가 말대꾸를 한다는 것은 어떠한 자극에 대해 자기 생각이 생겼다는 신호입니다. 사춘기가 되면 전전두엽이 급속하게 발달하고, 뇌의 성숙도는 거의 어른 수준에 도달합니다. 머리가 좋아져서 부모와 별 차이가 없어지고, 신체 또한 급격하게 성숙합니다. 뇌의 발달이나 신체적 성숙은 어른에 버금가는데 아직 정신적, 정서적으로는 다듬어지지 않은 시기라고 말할 수 있지요.

자녀들이 말대꾸하는 시기가 온다

사춘기는 아이 스스로 무언가를 할 수 있는 힘이 생겨난 시기임을 인식하고, 이 시기에는 절대로 어린애 취급을 해서는 안 됩니다. 말대꾸를 한다고 해서 자녀가 부모를 우습게 보고 엇나가려는 것이 아닙니다. 부모를 테스트하고 싶은 마음이 뇌의 성숙과 더불어 자연스럽게 드러나는 것입니다. 많이 발달한 머리를 쓰고 싶은 것이지요.

그런데 부모들은 자녀가 말대꾸를 하기 시작하면 당황합니다. 부모에게 대든다고 생각한 나머지 바로 아이들과 결전의 태세를 갖추는 거지요.

"공부 좀 하지 그러니?"
"이래라저래라 하지 마세요. 제가 다 알아서 해요."
"이놈 봐라, 어디서 말대꾸야! 네가 언제 알아서 한 적 있어? 그리고 부모한테 그게 무슨 돼먹지 않은 말버릇이야!"
"그러게 누가 버릇없는 놈 낳아달라고 했어요?"
"뭐야! 이놈의 자식, 오늘 너 죽고 나 죽자! 당장 이리 오지 못해!"

이렇게 되면 집 안은 순식간에 전쟁터로 변합니다. 그리고 이미 커버린 아이를 부모가 도저히 제압할 수 없는 지경에 이르게 되지요.

아이의 말대꾸가 당황스럽게 여겨진다면, 우리 아이가 많이 컸다는 신호로 받아들이는 연습을 해야 합니다. 그리고 부모도 동등한 사람으로 아이에게 '말대꾸'를 할 수 있어야 합니다. 이것이 아이를 존중해 주는 현명한 방법입니다.

"누가 낳아달랬어요?"
"어? 그래. 네 말도 일리가 있구나. 태어난 것은 네 책임이 아니지. 그런데 말을 그렇게 독하게 하면 듣는 엄마가 너무 속상하단다."
"내가 알아서 할 텐데 엄마가 잔소리하니까 그렇죠."
"그래, 녀석 참 신통하게 말 한번 잘하는구나. 그래 알아서 해봐라. 엄마가 도와줄 것이 있으면 얘기하고."

아이들이 농구 시합이나 축구 시합에서 좋은 플레이를 보여주면, 관중석에 앉은 부모는 신이 나서 자기 아이를 응원합니다. 몸이 자라고 운동신경이 좋아졌기 때문에 어른과 같은 훌륭한 플레이를 하는 것이지요. 말대꾸 역시 머리가 다 자라서 운동경기에서처럼 성숙한 반응을 보이는 것이므로 칭찬하고 격려해 주어야 합니다.

"네가 뭘 안다고 그래? 말도 안 되는 소리 하지도 마!" 부모의 이러한 반응의 기저에는 '내가 모르면 너도 끽소리 하지 마'라는 생각이 깔려 있습니다. 이는 아이들과의 관계를 상하관계로 본다는 것이지요. 상하관계란 상명하달, 즉 윽박지르는 것을 정당화하는 관계입니다. 상명하달식의 억압하는 관계에서는 억울한 사람이 생겨나게 마련입니다. 가정에서도 상대적으로 약자인 아이가 피해자가 됩니다. 문제는 이러한 억울함이 사춘기의 정서 장애, 행동 장애 등으로 이어진다는 데 있습니다.

부모 의존도를 낮추고 자기 관리 영역을 넓혀주어야 한다

사춘기는 아이 스스로 무엇을 할 수 있는 힘과 의지가 생겨나는 시기로, 스스로 해보겠다는 자립의 의지가 강하게 표출됩니다. 따라서 부모에게 거의 모든 것을 의존하던 초등학교 시기와는 달리, 자녀가 부모와 거리를 두고 자신의 영역을 독립적으로 구축할 수 있도록 도와주어야 합니다.

또한 사춘기는 부모보다 친구가 더 좋아지고, 이성친구가 생기며, 많은 친구들과 긴밀한 또래 집단을 만들고 싶어 하는 시기이기도 합니다. 친구들과 여행을 떠나겠다고 하기도 하고, 친구들과 함께 이벤트를 기획해 보고 싶어 하기도 합니다.

아이가 이런 행동을 보이면 대다수의 부모들은 "하라는 공부는 안 하고 매일 쓸데없는 애들과 어울려 쏘다니기만 해!"라며 주의를 줍니다. 그러나 이런 행동은 옳지 않습니다. 예민한 시기인 만큼 부모는 자녀들의 교우관계를 모독하고 무시하는 발언을 해서는 안 됩니다. 친구가 좋아지고 친구들과 어울리고 싶은 아이들의 자연스러운 마음을 받아주어야 합니다.

사춘기의 과제로 제가 무엇보다 중요하게 생각하는 것은 자녀의 자기 관리 능력을 키워주는 것입니다. 적어도 중학교에 들어가면서부터는 일상생활에서 공부하는 것까지 스스로 할 수 있도록 해주어야 합니다. 요즘에는 성인이 된 후에도 부모에게 의존하는 경우가 허다한데, 부모에 대한 의존성의 문제가 얼마나 심각한지를 알 수 있습니다. 부모들은 아이들이 고등학교를 거쳐 대학생활을 하고, 심지어 대학을 졸업하고 결혼해서까지도 지속적으로 자녀의 삶에 개입하려고 듭니다.

신체적, 심리적으로 자기 관리 능력이 생길 뿐 아니라 자기 관리 욕구도 커지는 사춘기에 부모가 아이를 초등학생처럼 대한다면 아이와 충돌이 생길 수밖에 없지요. 새롭게 표출되는 자기 관리 욕구에 부모가 현명하게 대처하여 아이가 자기 관리 영역을 넓혀나갈 수 있도록 도와주어야 합니다. 그런데 만약 그것을 무시하고 부모가 계속 개입한다면, 자녀는 자신의 욕구와 필요성에 둔감해질 것입니다. 그리고 결국에는 독립된 인격체로 사회에서 살아남는 데 꼭 필요한 자기 관리 능력을 획득하고 훈련할 기회를 놓치게 됩니다.

아이의 판단과 선택에 맡기지 못하고 사사건건 이래라저래라 하는 부모는 자녀가 대학을 졸업하고 사회생활을 시작하더라도 계속 자녀의 뒤치다꺼리만 하게 됩니다.

부모와 자녀 사이의 의존의 길항관계는 다음의 표와 같아야 합니다. 엄마의 역할은 자녀가 성장할수록 점점 줄어들고, 성인이 되면 제로가 되어야 하지요. 엄마의 역할이 줄어드는 만큼 자녀의 자기 관리 영역은 늘어나게 되고, 성인이 되면 오히려 자녀가 엄마를 돌봐줄 수 있을 정도가 되어야 합니다.

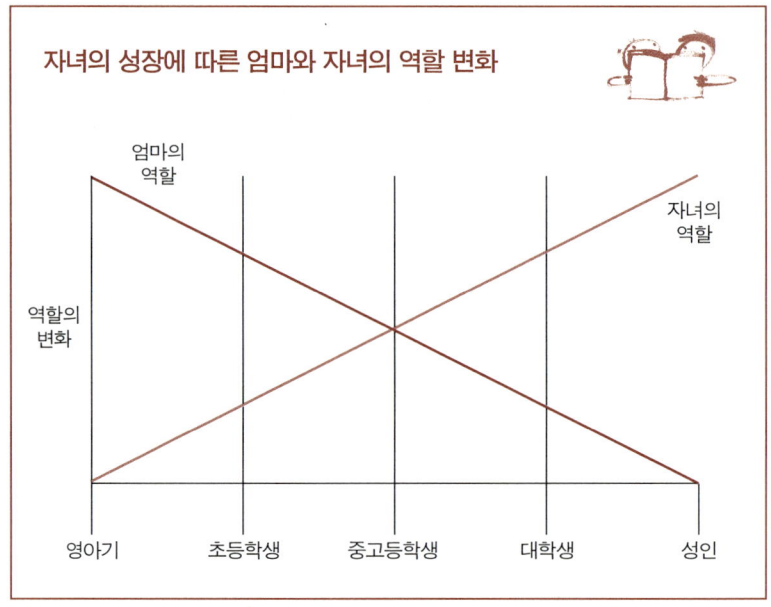

| 2장 |

자녀 양육에
관한 **Q & A**

Q 01 밥을 먹지 않을 때

아이가 밥을 먹지 않으면 부모는 아이가 제대로 먹지 못해서 잘 자라지 못할까봐 걱정합니다. 엄마가 아이에게 먹이려고 작정하면 할수록 식탁은 전쟁터가 되어버리고, 먹이려는 엄마와 필사적으로 먹지 않으려는 아이의 한 판 힘겨루기가 시작됩니다. 어떤 엄마는 아이가 음식을 거부하는 것이 엄마의 권위를 거부하고, 나아가 엄마 자체를 거부하는 것으로 확대해석해 때리기까지 합니다.

세 살짜리 아이가 밤에 자다가 자주 운다고 병원을 찾아온 일이 있습니다. 아이는 무서운 꿈을 꾼다고 말했습니다. 무슨 꿈이냐고 묻자 "피가 막 흘러요"라고 했습니다. 왜냐고 물으니 "엄마가 밥을 안 먹는다고 막 때려요"라고 했습니다.

이 아이는 식사 때만 되면 책상 밑이든 어디든 들어가 숨는 버릇이 있었습니다. 약이 오른 엄마가 밥그릇을 들고 쫓아다니면서 밥 안 먹는 아이를 때렸답니다. 그래서 아이가 밤마다 악몽에 시달리게 된 것이지요.

아이가 밥을 안 먹으면 그냥 놔두세요. 배가 고프면 먹을 테니까요. 밥을 앞에 놓고 굶어 죽은 아이는 없습니다. 배가 고프지 않기 때문에 음식을 거부한다고 단순하게 생각한다면 먹는 습관의 문제는 훨씬 간단해질 수 있습니다.

간식, 과자, 우유, 음료수 등으로 아이의 배가 이미 불러 있지는 않은지 살펴보는 것이 좋습니다. 아이들이 하루 종일 간식이나 우유를 입에 달고 있어서 식사 때가 되어도 입맛을 잃고 밥을 거부하는 경우가 많으니까요.

식사 버릇과 관련된 대처법으로 다음과 같은 것을 들 수 있습니다.

1   식사 시간이 가족이 모두 모이는 즐거운 시간이 되게 하세요. 식사 시간이 부모님에게 설교를 듣는 시간, 서로 짜증을 내는 시간이 되면 아이는 밥상에 가기가 싫어집니다.
2   먹는 것에 대한 규칙은 되도록 간단하게 정하세요. 억지로 먹이려고 강요하지 마세요. 자기 몸을 스스로 돌보는 습관을 무언중에 배워야 합니다.
3   밥을 먹게 하기 위해 뇌물을 쓰거나 상을 준다고 회유하지 마세요.

4 "엄마를 사랑한다면 밥을 먹어"라는 식으로 죄책감을 유발하지 마세요.
5 입맛이 없다고 말해도 아이를 비난하지 마세요.
6 식사 전에는 간식을 줄이는 등 아이의 식욕을 돋우기 위한 여러 가지 방법을 시도해 보세요.
7 아이의 음식 기호를 존중해 주세요. 만약 시금치를 싫어한다면 억지로 먹이지 말고 다른 야채로 대체해 주세요.

Q 02 막무가내로 떼쓰고 고집을 피울 때

'미운 두 살'의 시기인 18개월에서 3세까지 아이는 고집이 세지고, 반항을 하며, 도전적으로 행동합니다. 이는 스스로 할 만한 나이가 되었으니 자기 의지대로 하겠다는 일종의 독립을 이루려는 과정으로 지극히 정상적인 행동입니다. 그러므로 이것을 부모에 대한 반항으로 판단해서는 안 됩니다. 그런데 어느 날 갑자기 이러한 정상적인 분노가 극단적으로 표출되어 아이가 악을 쓰고 바닥에서 뒹굴며 난리를 피울 때가 있습니다. 이를 '분노 발작'이라고 부릅니다. 분노 발작이 있을 때 부모는 다음과 같은 대처 방법을 쓸 수 있습니다.

1 아이가 아무 이유도 없이 난리를 피우고 바닥에서 뒹군다고들 말합니다. 하지만 이유 없이 그런 행동을 하는 아이는 없습

니다. 이유는 반드시 있게 마련입니다. 다만 부모가 눈치를 못 챘거나 무시한 경우이지요. 분노 발작이 어떻게 시작되는지 찬찬히 살펴보고 적절히 대응하면, 대개의 경우는 예방할 수 있습니다. 정말 이유를 찾을 수 없을 땐 아이가 몸이 아프지 않나 생각하고 대처하세요.

2 '싫어', '아니야' 라고 말했다고 아이를 벌주지 마세요. 그 이유를 찾아보고 적절히 반응해 주어야 합니다.

3 아이에게 무언가를 줄 때 하나만 주면서 좋으면 받고, 싫으면 그만두라고 할 경우, 마음에 안 들면 아이가 난리를 부릴 수 있습니다. 아이에게 몇 가지 중 하나를 선택할 수 있게 하세요.

4 친구와 놀던 아이에게 갑자기 그만 놀라고 하지 말고, 몇 분 후에 헤어져야 한다고 미리 예고합니다. 모든 변화에 대해서 미리 말해 주는 거지요.

5 혼자서 신발을 못 신는다거나 단추를 채우지 못한다거나 하는 이유로 아이가 좌절해서 분노 발작을 일으키지는 않는지 세심하게 살핍니다.

6 5번의 경우라면 아이를 최대한 편안하게 해줍니다. 혼자서 단추를 채우고 신발을 신는 행동을 격려하고 기다려줍니다.

7 허용되지 않는 것에 대해 분노 발작을 일으킬 경우에는 아이의 요구에 굴복해서는 안 됩니다. 아무도 없는 곳으로 아이를 데려다놓으세요. 자기 말을 듣는 사람이 없으면 아이는 제풀에 꺾여 잠잠해집니다.

8 소리 지르고 떼쓰기를 멈추면 아이를 다정하게 대하면서 모든 것이 정상적으로 돌아가는 것처럼 행동합니다.

9 말을 할 수 있는 아이는 자신의 감정을 말로 표현하도록 격려해 주세요.

10 자해를 하는 것처럼 보일지라도 아이가 자신을 다치게 하는 경우는 매우 드뭅니다. 그러니 너무 놀라지 말고 가능한 한 무시해야 합니다.

11 아이가 물건을 던지고 부순다면 부모가 개입해야 하고, 다른 사람을 공격하거나 때린다면 아이를 다른 방에 격리시킵니다.

12 침착함을 잃지 말고 아이가 진정될 때까지 기다리세요. 이때 아이에게 굴복하면 아이는 '떼를 쓰면 통한다'는 것으로 인식하게 됩니다.

13 평소에 아이와 다정한 관계를 유지하세요. 부모의 관심과 사랑은 아이의 정서적 안정에 필수적입니다.

Q 03 칭얼거리거나 징징대면서 울 때

원하는 것을 못 하고 못 얻으면 어른이든 어린아이든 누구나 속이 상합니다. 자신을 잘 제어할 줄 모르는 어린아이는 심하게 떼를 쓰게 되지요. 이때 부모에게 많이 혼나본 아이는 떼를 쓰지 못하고 눈치를 보며 칭얼거리게 됩니다.

그런데 처음부터 무조건 징징거리면서 우는 아이는 거의 없습니다. 부모가 요구를 들어주지 않으니 속이 상하고, 부모에게 대들면 혼이 날까봐 두려워하는 것입니다. 이런 경우 아이가 계속 요구를 하면서 혼나는 것을 피하기 위해 선택한 방법이 징징대는 것일 수 있습니다.

아이가 원하는 것을 들어줄 수 없더라도, 아이의 요구를 분명히 들었다는 것을 아이에게 알려주세요. 특히 아이의 요구를 못 들어주는 분명한 이유를 말하고 일관성 있는 태도를 취하세요.

어느 아이나 징징거릴 수 있습니다. 이것은 좌절된 욕구에 대한 불만의 표시이며, 혹시 엄마가 마음을 바꿔주지 않을까 하는 기대감에서 비롯되는 것입니다. 엄마가 결정하기 전에 아이의 의견을 충분히 듣고 의논했다면, 상황에 일관성 있게 대처해 징징거리는 것이 통하지 않는다는 것을 보여주세요. 이러한 과정을 몇 차례 겪으면서 아이는 엄마와 타협하고 정당한 방법으로 요구하는 것이 더 효과적이라는 것을 배우게 됩니다.

가끔 어른들은 아이 울음소리가 듣기 싫어서 원하는 것을 들어주기도 합니다. 그러니 아이 입장에서는 울음보다 효과적인 방법이 없겠지요. 아이에게 나쁜 버릇을 들이지 않으려면 징징거리는 행동이 통하지 않는다는 사실을 분명히 보여주어야 합니다. "징징대지 않고 똑똑히 얘기하면 엄마가 너랑 의논할 수 있지만, 계속 울면 얘기할 수가 없어"라고 말합니다. 부모가 견딜 수 없을 정도로 아이가 울거나 칭얼대면, '생각하는 의자'나 화장실 등에서 타임아웃을 시키는 것도 좋은 방법입니다. 아이가 울음을 조절하고 자신의 요구를 말로 전달한다면, 잘했다고 칭찬해 준 뒤에 원하는 것을 진지하게 들어줍니다. 여기서 분명한 것은 '울거나 징징거려서는 원하는 것을 결코 얻을 수 없다'는 사실을 확실히 인지시키는 것입니다.

Q 04 거칠고 공격적인 행동을 보일 때

아이가 물고 때리고 싸우는 행동은 두 살 이후에 많이 나타납니다. 이를 '공격성'이라고 하지만 아직 어린 아기에게 남을 해칠 의도라는 게 있을 리 없지요. 이런 행동은 단지 자기가 원하는 것을 이루겠다는 의지이고, 이를 방해하는 사람에 대한 분노의 표현입니다. 이때 부모들은 걱정하거나 화를 낼 것이 아니라, 그런 아이의 마음을 이해하고 아이들이 원하는 것을 얻을 수 있는 더 좋은 방법과 분노를 다스리는 요령을 가르쳐야 합니다.

그러기 위해서는 무엇보다 부모의 말에 권위가 있어야 합니다. 간혹 이런 권위를 물리적인 힘이라고 생각하는 부모들이 있습니다. 그러나 이는 물리적인 힘이 아니라 부모와 자녀의 사랑에서 나오는 권위와 힘입니다. 물리적인 힘을 사용하면 그 순간에는 제압이 가능하지만, 아이는 전보다 더한 억울함을 느끼고 화를 참지 못하게 됩니다. 그런 상태가 심해지면 아이는 더욱더 공격적으로 변하고, 두려움에 위축될 수 있습니다. 대체로 부모가 옆에 없을 땐 같은 행동을 되풀이하게 됩니다. 고양이가 없을 때 쥐들이 판을 치는 것에 비유할 수 있지요.

공격성을 적절하게 통제하는 법을 배우는 것은 초기 아동기의 사회성 발달에서 매우 중요한 과제입니다. 화가 난다는 것은 자연스러운 몸의 반응이므로, 아이가 화가 나서 소리를 지르거나, 공격적인 행동을 하는 것은 지극히 정상적입니다. 이것은 상대에게 보내는 신호, 즉 행동으로 나타내는 비언어적 대화입니다.

부모는 이 신호에 귀를 기울이고 그 의미를 정확히 파악해서 반응해 주어야 합니다. 이를 통해 아이는 공격성을 적절히 표현하는 법을 배우게 되는데, 이는 사회성 발달에도 영향을 미칩니다. 이렇게 순화되고 통제된 적절한 공격성은 사회생활과 개인의 생존 경쟁을 도와줍니다. 이는 자기 생각과 주장을 정당하게 나타내는 것이라고 볼 수 있습니다.

하지만 부모가 반응을 하지 않게 되면, 아이의 공격성은 더욱 거칠어집니다. 많은 부모들이 이때 아이를 혼내곤 하는데, 그러면 아이는 부모의 이해를 못 받았을 뿐만 아니라 억울하게 벌을 받았다는 느낌을 갖게 됩니다. 상황에 따라 아이가 분노를 느끼거나, 위축되거나, 침울해지거나, 불안한 반응을 보이게 되지요. 이는 모두 건강한 반응이 아닙니다. 이러한 경험을 한 아이들은 훗날 커서 자기 주장을 해야 할 때, 분노와 불안감, 위축감에 짓눌려 자기 주장을 정당하게 피력하지 못하거나, 혹은 상대방을 의논과 타협의 대상이 아니라 물리쳐야 할 적으로 보고 과도한 공격성을 드러낼 수 있습니다.

발달 과정상 만 두 살이 되면 공격성이 증가합니다. 공격성의 표현을 순화시키기 위해서 다음과 같은 대처 방법을 쓸 수 있습니다.

1 평소에 아이가 부모를 좋아하고 잘 따르는지 살펴보세요. 아이가 부모를 좋아하고 사랑하면 부모의 설득에 크게 반항하지 않습니다. 즉 부모 자식 관계는 사랑의 관계여야 한다는 것입니다.

2 두세 살짜리 아기가 친구와 장난감을 함께 사이좋게 가지고 노는 것은 거의 불가능합니다. 만약 같이 가지고 논다면 아낌없이 칭찬해 주세요. 같이 가지고 놀지 않더라도 벌을 주지는 마세요. 이는 지극히 자연스러운 반응이니까요. 다른 아이가 집에 놀러올 때는 내 아이가 아끼는 장난감을 치워두는 것도 좋은 방법입니다.

3 아이가 집 안을 돌아다니며 물건을 부수는 것은 악의가 있어서가 아니라 호기심과 탐색의 결과로 볼 수 있습니다. 따라서 깨질 염려가 있는 물건은 미리 치워두어야 합니다. 치울 수 없는 물건은 만지지 말라고 분명히 말하되, 만약 아이가 이를 어길 경우 주의를 주거나 타임아웃 방법을 씁니다. 아이가 화가

나서 장난감을 일부러 부순다면, 그 장난감은 다시 사주지 않겠다고 말하고 그대로 이행하여 물건을 부순 책임을 아이가 지게 해야 합니다.

4 아이의 별난 행동은 부모의 관심을 끌기 위한 것일 수 있으므로, 아이가 협조적으로 행동할 때 많이 칭찬해 주고 상을 주어서 긍정적 행동을 독려하고, 공격적이고 나쁜 행동을 할 때는 무관심으로 반응하거나 타임아웃 방법을 씁니다.

Q 05 밤에 무섭다고 엄마 방에 올 때

아이가 엄마와 잘 놀다가 밤에 혼자 자려고 하면 외롭고 무서워지는 것은 당연한 일입니다. 아이를 너무 억지로 떼어놓으려 하지 마세요. 자기 방에서 혼자 자는 것에 서서히 익숙해지도록 도와주는 것이 바람직합니다. 처음에는 엄마가 같이 가서 아이와 책도 읽고 이야기도 하다가 아이가 잠든 후에 아이 방을 나오세요. 그러다 아이가 자다 깨서 울면 다시 가서 재우세요. 대체로 혼자 자다가 깨서 무서워 우는 아이는 다시 잠들기가 어렵습니다. 엄마가 가지 않으면 아이가 엄마 방으로 올 때도 있는데, 이런 경우에는 아이를 다시 아이 방으로 데려가서 재워주세요. 이때 야단치거나 짜증을 내면 곤란합니다. 아이가 너무 무서워하면 아직 혼자서 잘 나이가 아닌 거라고 생각하고 당분간 부모와 같이 재우는 것도 좋은 방법입니다.

사실 어린아이가 혼자 자는 것은 최근에 생긴 문화입니다. 원시시대 이후 최근까지 가족은 한방에서 잤고, 또 우리의 뇌는 그것에 잘 적응하도록 발달되었습니다. 자녀가 다 커서도 부모와 함께 자는 것을 너무 이상하게 생각하지 마세요. 같이 누워서 이 얘기 저 얘기 하다 잠드는 것은 정겹고 자연스러운 일이니까요.

Q 06 참을성이 없고 충동적일 때

참을성이란 하고 싶은 것, 갖고 싶은 것을 참고 기다릴 줄 아는 힘입니다. 이는 부모가 아이에게 가르쳐야 할 중요한 행동이기도 합니다. 영아에게 참을성을 기대하는 것은 우물에서 숭늉을 달라는 격입니다. 참을성을 배우기 위해서는 뇌가 성숙해져야 합니다. 아이의 뇌는 무서운 속도로 성장하는데, 부모가 주의 깊게 관찰하면 내 아이의 참을성이 어느 정도인지 파악할 수 있습니다. 돌 이전의 아기가 요구하는 것은 성장 발육에 필요한 것들입니다. 아기는 대개 즉각적인 만족을 원합니다. 아기는 몸이 불편하거나 불만스러울 때 이를 울음으로 표현하는데, 영아기에는 아기가 울면 즉각적으로 그 욕구를 충족시켜 주어야 합니다. 해가 바뀌어 뇌가 성숙의 단계를 거치면서 아이는 차차 기다리는 법을 배우게 됩니다. 기다리면 욕구가 충족되리라는 것을 후천적으로 습득하게 되고, 참고 기다리는 능력을 키우게 되지요.

또한 부모는 아이가 좌절을 견디는 법을 배우도록 도와주어야 합니다. 참을성 기르기 훈련에서는 칭찬이 매우 중요한 역할을 합니다. 만약 아이가 참을성 있게 기다리는 모습을 보이면 아낌없이 칭찬해서 부모가 아이를 얼마나 자랑스러워하는지를 느끼게 해주어야 합니다.

아직 어린 아이가 보이는 충동적인 행동은 호기심과 탐색의 욕구에서 비롯됩니다. 위험한 계단이 아이의 호기심을 자극하고, 친구가 가지고 노는 장난감도 아이를 유혹합니다. 위험한 계단에 오르고 친구의 장난감에 손을 뻗치는 것은 계산된 행동이 아니라 충동적인 행동입니다.

더불어 아이가 어떤 행동을 하기 전에 그 행동의 결과에 대해서 생각하는 능력을 키워줘야 합니다. 야단치지 않고, 친구의 장난감을 뺏는 행동에 대해 생각하게 하고, 그런 행동 때문에 친구가 화가 나고 기분이 나빠진다는 점을 설명해 주는 것이지요. 장난감을 아무 말 없이 뺏지 말고 친구에게 잠깐 가지고 놀 수 있게 해달라고 부탁하는 행동 방식도 알려주세요.

Q 07 거짓말을 할 때

유치원에 다니는 연령대의 아이들은 거짓말이 정확히 무엇인지 잘 모를 수도 있습니다. 따라서 아이가 거짓말을 하면 잘못했다고 꾸짖기 전에 잘 설명하고 가르쳐야 합니다. 더 큰 아이들의 거짓말은 대부분 혼나는 것을 피하기 위한 궁여지책입니다. 부모가 잘못을 너무 심하게 꾸짖으면 아이들은 이를 피하기 위해 거짓말로 둘러댑니다. 많은 부모들이 아이가 거짓말을 밥 먹듯이 하고 다 아는 사실인데도 안 했다고 끝까지 잡아뗀다며 화를 내곤 합니다. 그런데 아이 입장에서 보면 끝까지 잡아떼는 것도 어느 정도는 이해가 됩니다. 이실직고하면 부모에게 혼이 날 테고, 잡아떼면 그럭저럭 넘어갈 수도 있으니 위험을 감수하고 거짓말을 하는 것이지요. 그러나 아이가 솔직하게 고백했을 때 부모가 잘 타이르고, 심하게 꾸짖거나 때리지 않는다면 상황은 달라집니다.

아이는 들켜서 크게 혼이 나더라도 끝까지 잡아떼면서 그동안의 불안을 감수할 것인가, 아니면 일찌감치 잘못을 털어놓고 약간의 훈계를 들은 후 불안에서 벗어날 것인가 하는 것 중에서 선택을 하게 됩니다. 어차피 이실직고해도 크게 혼이 나고, 잡아떼다 발각되어도 크게 혼이 난다면 아이는 위험을 무릅쓰고 잡아떼려고 들 것입니다. 혹시 발각이 안 되면 그냥 넘어갈 수도 있으니까요.

부모 자신이 부지불식간에 거짓말을 하는 것은 아닌지도 생각해 봐야 합니다. 제 딸이 유치원에 다닐 무렵의 일입니다. 저에게 온 전화를 딸아이가 받은 적이 있습니다. 제가 바쁘게 일하는 중이라서 딸아이보고 "아빠 없다고 해"라고 말하라고 시켰습니다. 그랬더니 딸아이가 눈을 동그랗게 뜨며 놀란 표정으로 "아빠, 지금 나한테 거짓말하라고 하는 거예요?"라고 말했습니다. 제 가슴이 철렁했지요. 결국 전화 통화를 한 후에 딸아이에게 미안하다고 했습니다.

간혹 아이들이 상황을 자신에게 유리하게 만들기 위해 과장을 하는 경우도 있습니다. 그럴 때는 이를 거짓말로 생각하여 펄쩍 뛰기보다는 아이에게 논리적으로 설명하며 타이르는 것이 좋습니다. 어른들도 과장을 하고 호들갑을 떨지 않던가요? '세상에서 제일 맛있는 음식'이라고 하면서 말이지요. 그런데 세상에서 제일 맛있는 음식이 왜 그리도 많은지요? 여러분도 많이 속아보았을 겁니다. 아이가 거짓말을 할 때의 몇 가지 지침을 정리해 보겠습니다.

1. 야단을 너무 많이 맞으면 아이는 다음에 실수했을 때 사실대로 말하기가 어려워집니다.
2. 아이가 잘못을 솔직하게 털어놓으면 아이의 실수에 대해 함께 이야기하고 정직하게 행동한 것을 칭찬해 주세요.
3. 부모도 거짓말을 하지 말아야 합니다.
4. 의심스럽더라도 아이가 사실을 말하고 있다고 일단 믿어주세요.
5. 거짓말을 하면 어떤 벌을 받고 어떤 결과가 생긴다는 것을 아이와 미리 이야기하세요.
6. 부모 자녀 관계가 피의자와 취조 형사의 관계가 돼서는 안 됩니다. 아이가 거짓말을 했는지 안 했는지 확인하기 위해서 '대질심문' 등의 방법을 쓰는 것은 금물입니다.

Q 08 욕을 할 때

간호사 한 분이 저를 찾아와서는 세 살배기 아들이 자신에게 "미친년"이라고 욕을 한다며 어떻게 하면 좋을지 물었습니다. 저는 누가 집에서 '미친년'이라는 말을 하느냐고 물었습니다. 남편이 가끔 화가 나면 자신에게 그런 욕을 한다고 했습니다.

세 살 난 아이는 '미친년'이 무슨 뜻인지 당연히 몰랐겠지요. 그냥 화나면 하는 말이라고 생각했을 겁니다. 아마 남편이 화났을 때 '미친년' 대신 '이쁜 사람'이라고 했다면 아이는 멋도 모르고 화가 나면 '이쁜 사람'이라고 했을지 모르지요.

말이나 욕은 주로 가까운 사람에게 배웁니다. 우리에게 가장 가까운 사람이 누구일까요? 바로 가족입니다. 다른 곳에서도 가급적 쓰면 안 되겠지만 집에서는 더더욱 욕을 삼가주세요. 과거의 양반들은 부부간에도 존댓말을 썼습니다.

아이들은 본 대로 따라 하기 쉽습니다. 하루는 유치원에 다니던 제 딸이 저에게 와서는 눈을 동그랗게 뜨고 눈동자를 굴리면서 무슨 말을 했습니다. 이를 'eyeball rolling'이라고 하는데 미국 사람들 사이에서는 간혹 쓰는 표현입니다. 딸에게 누가 그렇게 하는 걸 본 적이 있느냐고 물었더니 유치원 친구들이 하는 것을 보았다고 했습니다. 눈동자를 굴리는 것이 다른 사람에게 무례해 보이고 대드는 것처럼 오해받을 수 있으니 하지 말라고 설명해 주었지요. 제 말을 이해한 딸아이는 그 후로 다시는 그런 행동을 하지 않았습니다.

간혹 아이들이 다른 사람에게 힘 있고 멋져 보이고 싶어서 욕설을 내뱉기도 합니다. 이런 때는 무조건 화내지 말고 아이와 대화를 나눈 후 좋은 방법을 찾아주세요.

Q 09 동생이 태어났을 때

　첫아이는 늘 집안의 관심을 독차지해 왔고, 부모 또한 호들갑스럽게 아이의 비위를 맞춰준 일이 다반사였기 때문에, 동생의 등장에 큰아이가 어른스럽게 대응하기는 어렵습니다. 하지만 큰아이는 동생의 출현에 적응을 해야만 하지요. 동생이 태어난다는 것을 미리 받아들이고 준비할 수 있도록 동생이 태어나기 전부터 사전 적응 절차를 밟는 것이 좋습니다.

　동생을 낳기로 한 긍정적인 이유를 아이에게 잘 설명하고, 동생이 생기면 일어나는 좋은 변화를 큰아이의 관점에서 재미있게 알려주어, 아이가 호기심을 갖고 동생을 기다리게 도와주세요. 태아인 동생의 초음파 사진을 보여주거나, 엄마 뱃속에서 태아가 움직이는 것을 느끼게 해주는 것도 좋은 방법입니다. 엄마가 병원에 입원한 후에는 아이가 병원에 찾아가 엄마와 시간을 보내게 하고,

출산 후에도 병원으로 아이를 데려가서 동생의 출생을 함께 축하할 수 있는 기회도 주세요.

아기가 집에 온 후에는 부모가 아기 돌보기에 바빠서 큰아이를 소홀히 대할 수 있습니다. 그럴수록 아기 돌보는 일에 큰아이를 참여시켜 큰아이가 소외되지 않도록 배려해 주세요. 백일이나 돌잔치같이 집안에 큰 행사가 있을 때도 어른들이 미처 큰아이 생각을 못 해 무심히 지나칠 수 있습니다. 이때 아이는 당황스러움을 경험하며 심한 소외감을 느끼게 되는데, 소외되는 순간부터 아이는 불안, 걱정, 시기, 질투, 분노, 보복 등의 심리를 공격적인 행동으로 표출할 수 있습니다. 그러므로 동생이 태어난 후에는 아기를 보살피는 일에 큰아이를 동참시켜서, 엄마와 같이 동생을 돌보는 일이 재미있다는 사실을 느끼게 해주는 것이 좋습니다.

이와 더불어 이전에는 부모와 같이 한 것을 혼자서도 할 수 있도록 시간을 계획해 줍니다. 부모와 항상 같이 즐기던 것을 동생과 나누도록 하기 위해서지요.

동생의 출생은 만 1~3세의 아이에게는 충격적인 사건임에 틀림없습니다. 충격으로 인해 종종 퇴행 행동을 보이기도 합니다. 이는 자연스러운 현상으로 몇 개월이 지나면 사라집니다. 동생이 태어났을 때 큰아이를 적응시키는 몇 가지 방법을 소개해 보겠습니다.

1   아이가 소외감을 느끼지 않도록 가능한 한 많은 일에 아이를 동참시키세요.

2 출산을 위해 병원에 있을 때도 매일 아이에게 전화하세요. 특히 아이가 자기 전에는 꼭 하는 것이 좋습니다.

3 동생 때문에 아이가 자는 방이나 위치를 옮기려면(예를 들어 요람에서 침대로) 동생이 태어나기 몇 개월 전에 미리 합니다. 그렇지 않으면 아이가 자신이 밀려났다고 생각할 수 있으니까요.

4 아이의 성숙한 행동을 칭찬하고, 동생의 출생으로 형(누나, 언니, 오빠)은 부모를 도와주는 특별한 사람이 된다는 사실을 느끼게 해줍니다.

5 대소변 가리기와 같은 훈련은 동생이 태어나기 직전에는 하지 않습니다. 새롭고 어려운 과제는 동생이 태어나고, 새로운 상황에 아이가 적응한 후에 시도합니다.

6 출산 후에 집에 돌아오면 아기는 누군가에게 맡기고 먼저 큰 아이와 잠깐이라도 시간을 보내세요.

7 퇴행 행동을 보이더라도 야단치지 마세요.

8 동생을 때리거나 꼬집어도 야단치지 마세요. 대신 즉시 말리고, 아이가 동생을 잘 돌보면 칭찬을 많이 해주세요.

Q 10 형제간에 다툼이 심할 때

부모는 각각의 자녀와 친하게 지내야 합니다. 부모와 아이가 친하면 믿음이 생기고 의심이 없어집니다. 의심이 사라지면 섭섭한 마음, 억울한 마음이 들더라도 부모를 믿기 때문에 심한 분노를 느끼거나 절망에 빠지지 않습니다. 아이와 부모가 친하게 잘 지내면, 다른 형제자매에게 주는 부모의 관심에 대해서도 덜 시기합니다.

또한 형제간에 절대로 비교를 해서는 안 됩니다. 비교는 자녀 간의 우열을 가리게 되고, 이는 시기심, 분노, 열등감, 위축감, 혹은 우월감, 자만심, 경멸감 등 복잡한 부정적 감정과 행동을 초래하기 쉽습니다. 부모는 각각의 아이들을 성격과 기호가 다른 개인으로 인정하고, 형제간의 비교는 불필요한 일이고 한 부모에게서 태어났다고 해서 형제가 같을 수는 없음을 인지해야 합니다.

아이들이 말다툼을 할 때는 몸싸움으로 발전하지 않는 한 개입하지 말아야 합니다. 간혹 아이가 중재해 줄 것을 요구하며 부모에게 달려오는 경우도 있습니다. 이는 자기의 억울함을 호소하고 상대방을 야단치라는 의도로, 상대방이 부모에게 혼나는 것을 보고 싶은 마음에서 비롯된 행동입니다. 그런데 싸움이 일어난 경우에는 각각 자기 입장과 주장이 있게 마련입니다. 그러나 이를 판별하는 것은 대단히 어렵습니다. 야단을 맞는 아이는 부모의 편애를 의심하며 더욱 억울해 하고 분노를 느껴, 싸움이 길어지고 심화되기 쉽습니다. 다시 말해 부모가 자녀들의 싸움에 개입한다는 것은 싸움을 조장하는 결과를 낳기 쉽다는 말입니다.

아이들의 의견 차이가 좁혀지지 않아 말다툼이 끝나지 않을 것 같으면, 부모가 나서서 싸움을 멈추라고 말해야 합니다. 싸움을 멈추라고 요구만 할 뿐 각자의 주장을 들어주어서는 안 됩니다. 한 아이가 심하게 잘못하지 않은 한은 책망도 하지 말아야 합니다. 아이들끼리 타협하든지, 당분간 각자 따로 행동하든지 스스로 해결하도록 해야 합니다. 무엇보다 중요한 것은 부모가 혹시라도 한 아이를 편애하고 있지는 않은지 반성하고 주의를 기울여야 한다는 것입니다. 편애는 소외된 아이를 질투로 내모는 지름길입니다.

형제끼리 싸울 때 야단치기보다는 재미있게 놀 때 듬뿍 칭찬해 주어야 한다는 것을 잊지 마세요.

Q 11 잠시도 가만히 있지 못할 때

신체적 활동량은 아이마다 개인차가 있습니다. 기본적으로 신체 활동이 활발한 것은 건강한 아이에게는 정상적인 현상입니다. 아이들은 원래 달리고 뛰어노는 것을 좋아합니다. 그런데 가끔 보면 활발한 것을 넘어서 잠시도 가만히 있지 못하고 계속 뛰어다니고 소리를 지르면서 너무 수선스럽게 구는 아이들이 있습니다. 그런 아이들과는 아무리 부모라도 같이 지내기 힘든 지경에 이르게 됩니다. 과잉 행동이 모두 장애는 아니지만, 간혹 '주의력 결핍-과잉 행동 장애(ADHD)'[15]의 한 증상일 수 있으므로 세심한 주의가 필요합니다. 아이가 비정상적으로 활동적이라면 '주의력 결핍-과잉 행동 장애'가 아닌지 소아정신과 의사의 진단을 받아 보는 것이 바람직합니다.

평소 과잉 행동으로 활동량이 많은 아이를 다루는 방법은 다음과 같습니다.

1. 매일의 일과를 규칙적으로 같은 시간에 반복하도록 아이와 시간표를 만드세요. 아이가 하루 일과를 정리 정돈한다는 느낌을 갖게 도와주는 방법입니다. 아침에 일어나기, 식사, 간식, 집에서 놀기, 집 바깥에서 놀기 등등 아이와 관련된 일과를 같은 시간에 할 수 있도록 지도해 줍니다.
2. 하루 일정한 시간을 정해 실컷 놀게 합니다. 마당과 놀이터는 아이의 에너지 방출구가 되니까요.
3. 장난감 수는 가급적 줄이는 것이 좋은데, 장난감이 너무 많으면 아이가 산만해질 수 있습니다.
4. 활동적인 아이는 피곤할 때 더 흥분합니다. 평소에 충분히 쉴 수 있게 해주세요.
5. 자극이 너무 많은 장소(예를 들면 교회, 도서관, 영화관, 사람이 많은 패스트푸드 레스토랑 같은 곳)에 오래 머무르지 마세요.
6. 아이의 행동을 반드시 제지해야 할 때는 아이와 함께 규칙을

---

[15] 학령기 및 학령전기 아동에게 흔히 나타나는 소아정신과 장애 중 하나로, 지속적인 주의력 결핍, 과잉 행동 및 충동성 등으로 정상적인 학교생활 및 가정생활에 큰 지장을 초래하는 장애이다. 학교를 다니는 아이들의 3~5% 정도가 ADHD에 해당하고, 남자아이가 여자아이보다 3~4배가량 많다. 따돌림을 당하기 쉽고, 다른 아이들과의 운동 활동 등에 어려움을 느끼며, 학업 수행에도 장애가 따른다. 적절한 치료와 도움을 받지 못하면 청소년, 성인기까지 영향을 미친다. 과잉 행동, 주의력 결핍, 충동성이 세 가지 핵심 증상이다. 산만하고 충동적이라고 해서 모두 ADHD는 아니다. 정확한 진단을 위해서는 부모와 교사의 꼼꼼한 정보 제공이 필요하다.

만들고 부모가 일관성 있게 제지해야 합니다.

7 과잉 행동을 책망하지 마세요. "네가 좀 얌전해졌으면 좋겠다"식의 말은 아이에게 전혀 도움이 되지 않습니다. 규칙적인 일과를 제공함으로써 아이가 에너지를 효율적으로 쓸 수 있게 하는 것이 더 효과적입니다.

Q 12 지나치게 완벽주의적인 태도를 보일 때

아이들은 자라면서 자신이 잘했는지 못했는지 스스로 평가하지 않습니다. 그저 하고 싶은 대로 할 뿐입니다. 평가하는 사람은 부모입니다. 부모가 아이에게 지나치게 관대하면 아이는 천방지축이 될 수 있습니다. 반대로 너무 엄격하면 아이는 주눅이 들고 부모의 기대에 부응하기 위해 완벽해지려고 합니다. 그러나 무엇이든 완벽해지기를 바라다간 아이 스스로 자신감을 잃고 위축되거나 쉽게 낙담할 수 있습니다.

완벽해지려고 노력하는 아이는 결과가 기대에 못 미칠까봐 늘 불안해 합니다. 교실에서 큰 소리로 책을 읽어야 할 때 실수할까봐 책 읽기를 거부하기도 하고, 다른 친구들 앞에서 발표를 해야 할 때는 갑작스러운 두통을 호소하기도 합니다.

완벽해지려는 생각은 아이에게도 전혀 도움이 되지 않고, 부모에게는 좌절감을 느끼게 합니다. 이러한 성향은 똑똑한 아이들에게서 흔히 나타납니다. 대개 서너 살쯤 되면 이런 성향이 나타나기 시작하는데, 완벽주의적인 아이에게 중간지대란 없습니다. 완벽하게 잘하거나 아니면 형편없는 못난이가 되는 것뿐이지요. 이런 아이들에게 모든 행동은 완벽하지 않으면 아무 소용이 없습니다.

아이가 과도한 완벽주의적 성향을 보인다면 주변에서 그럴 필요가 없다고 안심시켜 주어야 합니다. 더불어 평소에 부모가 아이에게 성공만이 최상의 가치라는 메시지를 전달하지 않았는지 반성해야 합니다. 어떠한 과제를 수행하는데 실패할지 모른다는 불안감이 아이를 짓누르고 있다면, 부모는 아이가 감당할 수 있을 만큼 일을 덜어주어 불안감을 떨치도록 도와주어야 합니다.

부모도 완벽하지 않다는 사실을 보여주는 것도 좋은 방법입니다. 아이와 함께 무엇을 만들거나 하는 활동에 동참하여 부모가 실수했을 때 편안한 마음으로 같이 깔깔거리며 웃는 것도 좋은 방법이 될 수 있습니다.

Q 13 자신감이 없어 보이고 위축된 것 같을 때

아이가 너무 소극적이고 내성적이며 자신감이 없어 걱정이라며 찾아오는 부모들이 가끔 있습니다. 이런 아이들은 대체로 '내성적인' 아이로 불리지만, '내성적인' 것의 범위는 아이들마다 천차만별입니다.

누가 보아도 지나치게 내성적이거나 다른 아이들과 달리 유난히 불안해 하고 긴장을 많이 하는 등의 징후를 보일 때는 일단 전문가와 상담하여 정확한 진단을 받는 것이 중요합니다. 내성적인 아이들은 다음의 몇 가지 유형으로 나누어볼 수 있습니다.

첫째, 날 때부터 기질적으로 조용하고 적극적이지 않은 아이들로, 전체 아이들의 약 20%쯤 됩니다. 이런 아이들은 대부분 겉으로는 적극적인 행동을 보이지 않지만, 주변을 조심스럽게 관찰하며 적응해 나가는 데 별문제가 없는 아이들입니다.

둘째, 조용한 부모를 닮아가는 아이들입니다. 특히 엄마가 조용하고 내성적이면 아이는 영유아기에 엄마와의 경험을 통해 조용한 아이로 크기 쉽습니다.

셋째, 구박이나 잔소리를 많이 들으며 자란 아이들입니다. 이래도 구박, 저래도 잔소리이니 아이는 점점 자신감을 잃고 엄마의 눈치를 보게 됩니다. 부모가 지나치게 엄격하거나 기대치가 높아서 작은 실수에도 호되게 꾸짖으면 아이는 겁을 먹어 위축되고 소극적이 될 수밖에 없습니다.

요즘 사회에서는 내성적인 아이들이 '나약하고 자기중심적인 외톨이'로 엄마의 골칫덩이가 되고 있는 듯합니다. 운동, 무용, 노래, 책 읽기, 토론 등을 할 때마다 다른 아이들은 시키지 않아도 손을 들고 척척 잘도 하는데, 이 아이들은 언제나 뒷전이고 나서려고 하지 않습니다. 지켜보는 엄마들은 '바보 같은 녀석!'이라며 속이 타고 애가 끓겠죠. 자존심도 상하고, 다른 엄마들 앞에서 저렇게 꾸물대는 내 아이를 지켜봐야 하는 것도 창피하겠지요. 싫다는 아이를 태권도장, 웅변 학원, 성격 개조 훈련 등으로 끌고 다녀보지만 아이는 좀처럼 나아지지 않습니다.

내성적인 아이들을 어떻게 바라보고 지도할 것인지 몇 가지 방법을 제시해 보면 다음과 같습니다.

1 '내향성은 안 된다'는 것은 편견입니다. 우선 사교적이고 적극적인 외향형만이 험한 세상에서 밥벌이하면서 살 수 있다

는 환상부터 버리세요. 적극적이어야 출세하고 성공한다는 믿음은 거의 망상의 수준에 이르렀습니다. 결국 어른들의 망상이 아이들을 더욱 움츠러들게 만드는 것입니다.

2   수줍어하는 것은 창피한 것이 아닙니다. 부끄러움을 많이 타서 남 앞에서 노래할 엄두도 못 냅니다. 하지만 그게 창피한 일은 아니지요. 손님이 오면 어른들은 노래해 보라고 시키고, 아이는 수줍어서 꽁무니를 뺍니다. 그러면 "사내 녀석이 창피하게 노래 한 곡도 못 불러?" 하며 핀잔을 줍니다. 그러나 이것은 옳지 않은 태도입니다. 부드러운 성격에서 배어 나온 아름다운 수줍음을 '창피한 것', '열등한 것'으로 가르치는 것은 옳지 않습니다. 꽁무니를 빼는 아이를 창피해 하지 말고, "이 아이가 부끄러움이 많아서 귀엽지요?" 하고 말하는 엄마의 슬기가 필요합니다. 수줍음은 창피한 것도 아니고 열등한 것도 아닙니다. 참으로 순수한 인간의 아름답고 고차원적인 감정이지요.

3   다칠까봐, 창피를 당할까봐 뜀틀 앞까지 뛰어와서 넘지 못하는 아이가 있습니다. 이때는 아이가 두려워하는 심정을 이해해 주어야 합니다. "그래, 넌 조심스러운 아이지. 신중해서 그런 거야. 처음에는 누구나 두렵단다. 우리 한 단계 낮추어서 해볼까?" 만일 선생님이 이렇게 반응해 준다면 아이는 자신의 두려움을 이해해 준다는 믿음으로 위안을 얻게 됩니다. 아이도 다시 해볼 용기를 조심스럽게 낼 수 있고요. 그런데 "뭘

꾸물거려? 그것도 못 넘어? 쉬워, 다시 해봐!" 하며 다그치면 아이는 주저앉아 울어버릴 것입니다.

4 성격 개조, 정신 강화 훈련 같은 것은 바람직하지 않습니다. 성격을 뜯어고쳐서 외향적으로 만들 생각일랑 아예 버리세요. 성격 개조는 며칠간의 합숙 훈련으로 되는 것이 아닙니다. 엄마의 압박으로 원래 내향형인 아이가 외향형처럼 설쳐대면, 제정신이 아니라고 할 것입니다. 실제로 소아정신과에 이러한 아이들이 심심찮게 찾아옵니다.

5 무슨 일에도 용감하게 덤비지 못하고 요모조모 따지고 재고 생각하는 아이들이 있습니다. 성급한 부모는 보다못해 폭발하고 말지요. 그러나 이런 경우에는 아이의 페이스를 따라주어야 합니다. 부모가 다그칠수록 아이는 더욱 얼어붙어서 한 발짝도 앞으로 나아가지 못합니다. 답답하더라도 우리 아이는 천천히 가는 스타일이라는 것을 인정해 주세요. '이 아이의 평생이 이럴 것이다. 한 걸음 한 걸음씩, 그러나 착실하고 신중하게 가는 전형적인 대기만성형이다' 라고 생각하세요. 일찍 꽃피우는 재능도 있지만, 늦게 피어나는 재능도 있습니다. 수영으로는 10대 초반에, 노래로는 10대 후반에 세계적 스타가 될 수 있습니다. 하지만 인사, 기획, 정보 관리 등의 재능은 30대 후반이 지나서야 피어난다는 사실을 기억하세요.

6 아이에게는 실수하고 실패할 권리가 있습니다. 실수와 실패를 해봐야 다음번에 다시 도전할 의미가 생기니까요. 학력이

높은 부모일수록 완벽해야 한다는 강박관념을 가지고 있습니다. 그래서 작은 실수에도 냉혹할 만큼 비판적입니다. 그러면 아이는 부모 눈치만 보다가 다시 해볼 엄두를 내지 못합니다. 실수와 실패는 전진을 위한 귀한 훈련입니다. 그냥 지켜만 봐주세요. 아이가 물어보면 조언을 하되 거들진 마세요. 그래야만 아이 혼자서 하는 힘을 스스로 키울 수 있습니다. 과제물이나 도시락을 잊고 학교에 갔다고 해도 절대 가져다주어서는 안 되는 이유가 여기에 있습니다.

7 부모 스스로 너무 엄격하지 않은지, 기대치가 높은 건 아닌지, 잔소리가 많은 건 아닌지, 신경질적이지는 않은지, 너무 혼을 내는 건 아닌지, 심하게 때리는 건 아닌지 등을 생각하고 반성해 보세요.

Q14 손톱을 물어뜯는 등 나쁜 버릇이 들었을 때

손가락을 빨거나, 손톱을 물어뜯거나, 다리를 떠는 등 아이들의 나쁜 버릇은 다양합니다. 하지만 부모가 나쁜 버릇에 대해서 야단치고 벌을 준다면 아이는 스트레스를 받아 버릇을 고치기 힘들어집니다. 이러한 습관은 오랜 기간 지속된 불안감 속에서 스스로의 위안책으로 생겨난 것이 대부분입니다.

불안감이 고조되면 버릇은 당연히 고치기 어렵습니다. 시간이 지나서 친구들과 어울리게 되어 자신의 습관을 인식하면 아이 스스로 나쁜 버릇을 고치기 위해 노력하게 됩니다. 이때 부모는 아이가 버릇을 고칠 수 있도록 평소 생활에서 스트레스 요소가 있는지 찾아내어 스트레스를 줄여주어야 합니다.

아이들에게 제일 흔하고 피하기 어려운 스트레스는 가족, 특히 부모 형제와의 스트레스입니다. 부모 자녀 관계를 제일 먼저 점검해 보세요. 부모와 있을 때 아이가 편안해 보이나요? 아이가 부모를 찾나요? 부모와 재미있게 지내며 말을 잘하나요? 속상한 일을 부모에게 말하나요? 다른 식구와 있을 때도 아이의 태도를 관찰해 보고 속상하고 힘든 것을 편안하게 얘기하도록 도와주세요. 무조건 괜찮다는 말은 별로 도움이 되지 않습니다. 그보다는 아이의 말에 귀를 기울이고 이해하려는 노력을 해주세요. 그런 다음 어떻게 해결하면 좋을지 함께 의논해 보고 도와주겠다는 의사를 표현하세요.

Q 15 성적인 행동을 할 때

　기본적으로 성적인 행동은 아이의 몸이 성숙해지는 과정에서 생기는 자연스러운 현상이라는 것을 이해할 필요가 있습니다. 유아기에도, 아동기에도, 사춘기에도 성적인 행동은 정상적인 것입니다.

　어린아이들은 또래 친구와 있을 때 바지를 내리고 서로의 성기를 본다든지, 어른처럼 껴안고 키스를 할 수도 있습니다. 또 자신의 몸과 성기를 만지기도 합니다. 자신이나 또래 친구의 성기에 대한 호기심은 자연스러운 것이고, 성기를 만지면 기분이 좋기 때문이지요.

　대체로 아이들은 혼자 있거나 심심하거나 불안하거나 잠자기 전에 이런 행동들을 하게 됩니다. 이런 일이 자주 관찰되면 다음의 사항들을 점검해 보세요.

1. 아이 혼자 있거나 심심해 하는 시간을 줄여주고, 아이와 이야기하면서 놀거나 밖으로 데리고 나가세요.
2. 불안해서 하는 행동이라면 아이를 잘 관찰해 보고, 부모 자녀 관계를 다시 점검해 보세요.
3. 성적인 자극이 도처에 범람하는 요즘 같은 시대에는 피하기 어려운 일이지만, 혹 아이가 지나친 성적 자극에 노출되어 있지 않은지 점검해 보세요. 아이가 성인 영상물에 노출되어 있지는 않은지, 부모님이 지나친 노출을 하고 있지는 않은지, 혹시 형제나 다른 아이들과 지나친 성적 놀이를 하지는 않는지 관찰해 보아야 합니다. 만일 아이의 성적인 행동이 너무 잦다면 전문가의 도움을 받는 것이 좋습니다. 공공장소에서 반복적으로 자위를 하거나 어른들의 성교 장면을 흉내 내는 등의 비정상적인 성적 행동은 소아정신과의 상담이 필요합니다.

아이가 성적인 행동을 할 때 부모는 과민하게 반응해서도 안 되고 그런 행동을 무시해서도 안 됩니다. '더럽다'고 과민하게 반응한다면, 아이가 성장한 후에 성적인 문제를 일으킬 수 있습니다. 또 무시한다면 아이가 다른 사람 앞에서 성적인 행위를 해도 괜찮다는 메시지로 받아들입니다. 그런 행동은 어른이 되었을 때 침실이나 욕실에서 혼자서 또는 사랑하는 사람과 함께 해야 하는 거라고 아이에게 설명해 주어야 합니다. 그리고 아이의 관심을 다른 놀이나 운동으로 돌려, 성적인 놀이를 그만두도록 유도하는 것이 좋습니다.

Q 16
밤에 오줌을 쌀 때

제가 다섯 살 때 밤에 오줌을 싼 적이 있습니다. 어머니는 웃으시며 키 쓰고 옆집에 가서 소금을 얻어 오라고 하셨지요. 영문도 모르고 옆집에 갔더니 아주머니께서 웃으시고는 막대기로 키를 톡톡 두드리면서 "이놈, 오줌 쌌구나" 하며 소금을 한줌 내주셨습니다. 얼마나 창피하고 놀랐던지 아직도 기억이 생생합니다.

아이가 여섯 살이 될 때까지 가끔 이불에 오줌을 싸는 것은 문제가 되지 않습니다. 실제로 초등학교 1학년 아이의 10% 정도가 적어도 한 달에 한 번은 이불을 적신다고 합니다. 밤에 오줌을 싸지 않는 것은 신경학적 발달이 요구되는 일이라서 아이마다 그 시기가 제각각일 수밖에 없습니다.

대개 오줌싸개들은 유전적 영향 때문일 가능성이 높습니다. 부모가 오줌싸개였다면 아이도 오줌싸개일 확률이 높습니다. 대부분의 오줌싸개들은 6~10세 무렵에 이 문제에서 벗어납니다. 다만 아이가 수치심을 느끼는 일이므로 부모가 야단을 쳐서는 안 되고, 잠자기 2시간 전에는 마실 것을 제한하거나, 낮에 소변을 참는 연습을 시켜 방광의 크기를 늘어나게 하거나, 침대 시트 아래 방수요를 까는 등의 방법으로 아이를 도와주는 것이 좋습니다.

만약 아이가 오줌을 싸면, "창피하지? 괜찮아. 좋아질 거야" 하고 이해와 동정, 격려를 보내주세요. 스스로 이불을 치우고 갈면서 약간의 책임감도 느끼게 하여 아이가 수치심을 다스릴 수 있도록 도와주는 것이 필요합니다.

만일 아이가 일주일에 여러 번 오줌을 싼다면, 소아정신과에서 진단을 받은 후 치료를 받는 것이 좋습니다. 야뇨증에 좋은 치료약들이 많이 나와 있으니까요.

Q 17 도벽이 있을 때

초등학교 3학년 아이가 엄마 손에 이끌려 병원을 찾아왔습니다. 아이에게 무슨 일로 왔느냐고 물었더니 "제가 절도 행위를 했어요"라고 대답했습니다. 속으로 웃음을 참느라 혼이 났습니다. 아이가 동네 구멍가게에서 작은 물건을 집어 온 것을 보고 엄마가 대경실색하여 혼을 낸 후, 아이의 행동이 절도 행위라며 엄포를 놓고 끌고 온 듯했습니다. "바늘 도둑이 소도둑 된다"라고 귀가 따갑게 듣고 자란 엄마였습니다.

강의실에서 "도둑질 해본 사람 손 한번 들어보세요" 하면 손 드는 사람이 없습니다. 그런데 "주인 허락 없이 물건을 가져온 경험이 있는 사람 손 들어보세요" 하면 웃음이 번집니다. "주인 허락 없이 가져온 남의 물건이 내 집에 하나도 없는 사람 손 들어보세요" 하면 이내 폭소가 터집니다. 무슨 말인지 짐작하셨겠지요?

아이들이 무엇을 집어 온다고 너무 놀라지 마세요. 어린아이들은 아직 충동을 제어하는 힘이 약합니다. 부드럽고 분명하게 잘 타이르고 아이와 함께 가서 물건을 돌려주세요. 그러면 아이가 많이 부끄러워할 테고 좋은 교훈을 배우게 될 것입니다. 한 번도 남의 물건을 허락 없이 가져오지 않고 성인이 된 사람은 매우 드뭅니다. 어른이 되어서 남의 책, 도서관 책을 돌려주지 않는 사람도 많으니까요. 무엇보다 부모님의 태도를 돌아보고 아이를 부드럽고 분명하게 타이르세요.

Q 18 사춘기에 부모에게 대들고 반항할 때

사춘기는 질풍노도의 시기로 반항과 항거를 통해 자신을 확립해 가는 과정이라고 잘못 생각하던 시기가 있었습니다. 그런데 최근 연구에 따르면 약 70%의 가정에서 부모와 사춘기 자녀가 좋은 관계를 유지하며 큰 문제 없이 잘 지내고 있는 것으로 밝혀졌습니다. 약 10% 미만의 청소년들만이 심각한 문제와 함께 부모와의 관계 악화를 경험하게 됩니다.

대부분의 부모들은 자신의 중고교 시절을 돌이켜보면 별문제 없이 학교에 잘 다니고 친구들과 어울려 즐겁게 지낸 기억이 떠오를 것입니다. 복장, 두발, 좋아하는 음악, 집 안 청소 등의 문제로 사소하게 말대꾸하고 부모님의 잔소리는 들었지만 심각한 불안, 우울, 불면증, 비행, 가출, 자살 시도 등의 일은 없었을 것입니다. 있었다 해도 아주 가볍게 지나가는 정도였을 테지요.

이런 부모 밑에서 크는 아이들은 대부분 비슷한 경험을 하면서 중고등학교 시기를 보내고 큰 문제를 일으키지 않습니다. 반면 부모 자신이 심각한 경험을 하면서 사춘기를 보냈다면 아이들 또한 그러한 경험을 하면서 사춘기를 보낼 확률이 대단히 높습니다.

아이가 심각한 불안과 우울, 불면증, 식사 장애, 비행, 가출 등의 문제를 보이면 절대로 사춘기의 열병을 앓고 있다고 생각하지 말고, 곧바로 소아청소년 정신과 전문의와 상의하세요. 이와 더불어 평소에는 아이와 대화의 통로를 항상 열어놓고 의논하도록 노력해야 합니다. 만약 아이가 말문을 닫아서 대화를 나눌 수 없거나, 의논하려고 시작한 대화가 큰소리와 싸움으로 결론이 나곤 한다면 반드시 전문가와 상의해야 합니다.

Q 19 집을 나갈 때

"**고등학교 1학년인** 우리 아이가 외박을 일삼고, 며칠씩 집을 나갔다가 돌아오곤 합니다. 처음에는 친구들을 수소문해서 잡아오고 아버지가 때리기도 했습니다. 겁도 줘보고 달래기도 했지만 소용이 없었습니다. 아이가 집 나갈 구실만 찾고 있는 것 같아 야속하기도 합니다. 더 어려운 형편의 아이들도 잘 생활하는데 유독 우리 아이만 왜 그럴까요?"

10대 아이들이 집을 나가는 경우를 살펴보면, 첫째는 대부분의 부모가 아이 스스로 나갔다고 착각하지만 실제로는 쫓겨나는 경우입니다. 둘째는 부모의 학대로부터 도망치는 경우입니다. 10대 아이들이 집을 나가는 가장 흔한 이유는 부모와 대화가 안 되기 때문입니다. 아이가 집을 나가는 경우도 있지만 쫓겨나는 경우도 많습니다. 부모가 "나가!"라고 소리쳐놓고는 가출이라고 합니다.

집에 있다가는 맞아 죽을 것 같아서 나가는 경우도 많습니다. 부모가 때려서 아이가 나갔는데, 부모는 아이가 가출했다고 경찰에 신고합니다.

부모가 아이의 의견을 물어보지 않고 이래라저래라 강요하는 일이 반복되면, 10대 아이들은 부모가 강요하는 제한과 규칙에 불만을 품게 됩니다. 게다가 평소 대화가 잘 되지 않는 관계라면 상황은 더욱 악화됩니다. 강압적으로 규칙을 강요하는 것 외에도 부모가 요구하는 행동이 일관성이 없고, 규칙을 이랬다저랬다 번복하게 되면 아이는 부모가 원하는 것이 무엇인지 이해하지 못하고, 결국 부모를 만족시킬 자신이 없어서 도망치게 되는 것입니다.

문제가 생겼다고 해서 아이가 곧바로 가출을 감행하지는 못합니다. 처음에는 문제의 원인이 부모가 원치 않는 자신의 행동에 있다고 생각하기도 합니다. 아이 스스로 행동을 바꿔보기도 하고, 집안일을 맡아서 해보기도 합니다. 그러다 결국 부모를 만족시킬 수 없다는 사실에 좌절하고 자신의 노력이 소용없다고 생각하여 집을 나가게 되는 것이지요.

일단 아이가 가출하면 매우 심각한 상황임을 인지하여 바로 경찰에 신고해서 아이를 찾아야 합니다. 집에 돌아온 아이나 집을 나갈지도 모른다고 우려되는 아이는 세심하게 관찰하고 아이와 많은 대화를 하도록 노력해야 합니다. 10대 아이들의 가출을 예고하는 징후가 있게 마련인데도 부모들은 이것을 자주 놓칩니다. 다음 사항을 염두에 두고 아이들이 집을 나가지 않도록 예방하는 것이 무엇보다 중요합니다.

1. 자녀가 얘기할 때 다른 일을 하면서 건성으로 듣지 말고 주목해 주세요.
2. 자녀가 더 이상 어린아이로 있고 싶어 하지 않음을 인정해 주세요.
3. 청소년인 자녀의 입장에 서보려고 노력하고, 자녀가 겪고 있는 어려움에 공감해 주세요.
4. 자녀의 질문에 정확한 정보를 주는 것은 중요하지만 장황한 설교는 금물입니다.
5. 자녀가 자신의 느낌과 감정을 편안하게 이야기할 수 있는 분위기를 만들어주세요.
6. 책임감을 부여해 주세요.
7. 청소년기의 좋은 행동과 나쁜 행동을 설명해 주고, 그런 행동들이 자신의 인생에 어떤 영향을 주는지 알려주세요.
8. 부모가 모든 문제에 대한 해답을 줄 수는 없습니다. 문제에 직면해 그것을 풀어야 하는 일차적 책임은 자녀에게 있음을 기억하세요.
9. 자녀와 함께 문제를 해결하려고 노력하세요. 우리 가정의 문제가 무엇인지 살펴보고, 서로 만족할 수 있는 해결책을 찾아보세요.
10. 자녀에게 사랑한다고 표현하세요. 무슨 일이 있어도 부모가 자신을 사랑한다는 것을 확실하게 알려주어야 합니다.

Q 20 말을 안 하고 혼자만 있으려고 할 때

조용한 아이도 있고, 수다스러운 아이도 있습니다. 아이가 말이 없더라도 평소에 가족과 문제 없이 지내고 학교에 잘 다니고 표정이 어둡지 않다면 대부분은 괜찮은 것입니다. 그런데 말수가 갑자기 적어지고 방에서 나오지 않으려고 한다거나, 말을 붙이면 짜증부터 내고, 느닷없이 눈물을 흘리고, 문을 쾅 닫아건다면 심각한 문제가 있다고 생각해야 합니다. 편안한 시간에 아이와 대화를 시도하세요. 절대로 야단을 쳐서는 안 됩니다. 걱정스러운 부분을 솔직하게 말하고 아이와 의논해 보세요.

아이와 대화할 때는 첫째, 아이의 의견을 경청하세요. 둘째, 절대로 짜증을 부리거나 윽박지르지 마세요. 셋째, 의논으로 해결이 잘 안 된다면, 다시 좋은 관계를 회복하고자 하는 부모의 진심을 아이에게 간곡히 전하고 전문가의 지침에 따르세요.

Q21 이성친구가 생겼을 때

사춘기가 되면 이성에 대한 호기심이 왕성해집니다. 사춘기 아이들이 이런 호기심을 행동으로 옮겨 이성친구를 사귀는 것은 너무나 당연한 일입니다. 이는 청소년의 몸이 건강하며 생리적인 활동이 왕성하다는 증거이니 기뻐하고 축하할 일이지요. 그런데 아이들은 이러한 호기심을 어떻게 처리해야 할지 몰라 당황하는 경우가 많습니다.

부모는 언제나 자녀의 의논 상대가 되어 올바른 판단을 할 수 있도록 도와주어야 합니다. 그런데 대부분의 아이들은 자신처럼 아직 미숙한 친구들에게 의지하는 경우가 더 많습니다. 아이와 의논을 하려면 내가 사춘기 때 이성 문제와 이성 교제에 대한 태도가 어떠했는지 잘 생각해 보기 바랍니다.

혹시 무조건 걱정이 앞서지 않았는지, 성을 죄악시하지는 않았는지, 내 아이만큼은 일찍 이성 교제를 하지 않았으면 하는 바람이 있지는 않은지 돌아보세요. 또 내 부모, 즉 아이의 할아버지, 할머니의 태도는 어떠했는지도 생각해 보세요.

내가 사춘기였을 때 내 부모가 어떻게 도와주었으면 좋았을까 곰곰 생각해 본다면, 지금 내 아이가 나에게 무엇을 원하는지, 어떤 도움을 바라는지 잘 보이리라 생각됩니다.

"내가 받고 싶었던 대로 내 아이에게 해주세요." 이는 자녀교육의 기본 원칙 중 하나이므로, 마음에 새겨두면 자녀와 좋은 관계를 유지할 수 있습니다.

Q22 자녀의 진로가 걱정될 때

아이들이 성장한다는 것은 부모의 도움을 받는 것으로 시작해서 점차 스스로 문제를 해결하는 방법과 힘을 얻는 과정이며, 필요할 때 힘들이지 않고 도움을 요청하고 또 도움이 필요한 사람을 도와줄 수 있게 된다는 것을 의미합니다.

자녀들과 진로를 의논할 나이쯤 되면 자녀들도 부모의 사랑과 훈육 속에서 많은 것을 배우고 경험했을 것입니다. 아이들도 웬만큼 자랐다는 의미지요. 그러므로 먼저 아이들의 생각을 물어보고 경청해 주세요. 모든 가능성을 열어두고 아이와 의논하세요. 부모가 아이 자신의 생각에 무조건 반대하면 아이들은 진로에 대한 진지한 고민보다는 부모에 대한 분노와 불안에 더 휩싸이게 됩니다. 아니면 반대로 부모의 의견에 무조건 순응하는 어린아이로 남게 됩니다. 자녀를 계속 어린애 취급하여 품 안의 자식으로 남겨

두고 싶어 하는 부모들도 있습니다.

부모의 의견을 얘기한 후에는 아이가 감정에 휩싸이지 않고 여러 가능성을 스스로 고민하도록 놓아두세요. 이는 어른이 되기 위해 반드시 겪어야 하는 과정입니다. 부모의 강권 때문에 생기는 부모와의 다툼이 아니라, 성장을 향한 자기 내부의 갈등임을 아이가 인식해야 하며, 이것은 자신의 선택에 대해 스스로 책임지는 어른이 되는 과정입니다.

성숙이란 불안과 모호함을 감내하는 힘이라고 생각합니다. 살아가면서 확실한 것은 사실 그리 많지 않습니다. 아이들은 불확실한 세상 속에서 진지한 고민을 하며 스스로의 결정에 대해 책임을 지는 자세를 배워야 합니다.

| 부록 |

부록 1 나와 부모의 관계를 탐색하는 방법 — 성인 애착 면접법
부록 2 성인 애착 면접의 실례
부록 3 아이의 뇌는 어떻게 발달하는가?

| 부록 1 |

나와 부모의 관계를 탐색하는 방법
성인 애착 면접법

나와 부모의 사이에서 형성된 애착 패턴이 대를 이어서 내 자녀에게, 그리고 다른 사람과의 관계에 결정적인 영향을 미치는 까닭에, 성인의 애착사를 탐색하고 그 기억에 대한 현재의 생각을 묻는 여러 가지 면접법이 개발되어 왔습니다.

그중 가장 잘 알려진 것이 '성인 애착 면접법'으로, 1985년에 미국 버클리 대학에서 개발한 인터뷰 방법입니다. 훈련받은 전문가가 20~21개의 문항을 가지고 일정한 순서로 질문을 던지고, 답을 하지 못한 경우에는 특수한 방법으로 다시 탐색을 시도합니다.

이 인터뷰는 대화하듯이 자연스럽게 녹음으로 진행됩니다. 성인 애착 인터뷰 전문가는 녹음된 내용을 토대로 인터뷰 당사자의 심리 상태를 해석합니다.

질문 항목

1 가족과 관련된 이야기를 해보세요. 어디서 살았는지, 이사한 경험이 많은지, 부모님께서 무슨 일을 하셨는지 등에 대해서 이야기하려고 합니다. 할아버지, 할머니를 자주 만났나요? 할아버지, 할머니께서

당신이 태어나기 전에 돌아가셨다면 그분들에 대해 얼마나 알고 있나요? 가족 말고 같이 살았던 사람이 있나요? 형제자매들은 같이 살았나요?

2 기억해 낼 수 있는 가장 어린 시절을 회상해 보고, 그 당시 부모님과의 관계를 그려보세요.

3 기억해 낼 수 있는 가장 어린 시절로 돌아가서 당신의 어머니와 당신의 관계를 표현할 수 있는 5개의 형용사나 단어를 제시해 주시기 바랍니다. 나중에 왜 이 단어를 선택했는지 질문하겠습니다.

4 아버지에 대해서도 똑같은 방법으로 생각해 보세요.

5 부모님 중 어느 분과 더 가까웠나요? 이유는 무엇인가요? 다른 한쪽 부모와는 왜 같은 느낌이 아닐까요?

6 어릴 때 화가 나거나 속상한 일이 있으면(정서적으로 화가 났을 때, 몸이 다치거나 아팠을 때) 어떻게 했나요?

7 부모님과 처음으로 일정 기간 떨어져 지냈던 경험에 대해 이야기해 봅시다. 맨 처음 떨어졌을 때가 언제인가요? 당신은 그때 어떻게 반응했고, 부모님은 어떻게 반응했나요? 그 외에도 부모님과 떨어져 지낸 기억이 남아 있나요?

8 어린 시절 부모에게 매정하게 내쳐진 것 같은 경험이나 부모가 돌봐주지 않았다고 느낀 적이 있나요? 즉 거부당한 경험이 있나요? 있다면 몇 살 때였나요? 부모님이 당신을 거부한다는 것을 느꼈을 때 당신은 어떻게 반응했나요? 당신의 부모가 왜 그렇게 행동했다고 생각하나요? 당신이 그렇게 느끼는 것을 그때 부모가 알았다고 생각하나요?

9 부모가 심하게 겁을 주었던 경험이 있나요? 맞았거나 학대받는다고 느낀 적이 있나요? 그런 경험이 성인이 된 당신에게 어떤 영향을 미쳤다고 생각하나요?

10 전반적으로 당신 부모와의 경험이 지금 당신의 성격에 어떤 영향을 주었다고 생각하나요? 어린 시절의 어떤 경험이 당신의 성장 과정에 나쁜 영향을 미쳤다고 생각하나요?

11 어린 시절 당신의 부모님이 왜 그렇게 행동했다고 생각하나요?

12 어릴 때 부모처럼 가까웠던 다른 어른이 있었나요? 또 부모님 같지는 않아도 특별히 중요한 어른이 있나요?

13 어릴 때 부모나 다른 친한 사람을 잃은 경험이 있다면 얘기해 봅시다. 성인이 되어서 소중하거나 가까운 사람의 죽음을 목격한 경험이 있나요?

14 그 외에 충격적이라고 할 만한 사건이 있었는지 얘기해 봅시다.

15 아동기부터 성인이 되는 동안 부모와의 관계가 많이 변화했다고 생각하나요?

16 성인이 된 지금 당신과 부모의 관계는 어떤가요? 자주 대화를 나누거나 찾아뵙나요? 만족스럽거나 불만족스러운 것이 있다면 무엇인가요?

17 현재 당신이 당신의 아이와 떨어져 있게 된다면 어떤 느낌일 것 같은가요? 아이가 어떻게 될까봐 걱정해 본 적이 있나요?

18 지금부터 20년이 흘렀다고 가정하고 아이가 어떤 모습이면 좋을지 세 가지 소원을 말해 보세요. 당신이 아이에게 바라는 미래는 무엇인가요?

19 어릴 적 경험을 통해서 배운 것이 있다면 무엇인가요? 다시 말해 당신의 어린 시절을 통해 얻은 것이 있다면 이야기해 보세요.
20 당신의 아이가 당신에게서 어떤 것을 배우기를 바라나요?

| 부록 2 |

성인 애착 면접의 실례

1. 안정애착 성인의 경우

사례 1 힘든 기억이나 즐거웠던 기억을 담담하고 조리 있게 차근차근 말할 수 있고, 어머니와 아버지에 대한 좋은 점과 나쁜 점뿐만 아니라 생각이 달랐던 점을 스스로 잘 정리할 수 있다.
"어머니는 항상 제가 당신이 원하는 대로 행동하기를 바라셨어요. 그래서 저는 거의 인형이나 다름없었죠. 오랜 기간 동안 저는 어머니가 원하는 대로 행동했어요. 하지만 이제 저는 어머니가 원하는 행동 대신 제가 원하는 대로 행동하려고 노력해요."

사례 2 "이게 적어도 내가 생각하는 거예요. 하지만 지금 생각해 보면, 아마도 아버지는 아주 다르게 생각하신 것 같아요."

2. 무시형 불안정애착 성인의 경우

사례 1 어린 시절 어머니와의 관계를 형용사로 표현해 달라는 질문에, "그냥 막연히 그냥 엄마가 그냥 좋은 엄마죠. 그렇게 기억하고 있어요", "포근하고 인자하고 좋은 엄마라는 생각이 항상 머리를 떠나지 않아요" 혹은 "굉장히 참을성이 많은 분이에요" 등 긍정적인 표현을 하고는 있지만, 그런 생각을 하게 된 구체적인 사건이나 기억을 요구하면 "생각나지 않아요"라고 대답한다. 좋은 기억뿐만 아니라 거절당했거나 거부당했던 나쁜 경험도 "기억이 없다"고 대답한다.

사례 2   어린 시절의 경험을 기억해 내긴 하지만, 어머니나 아버지 등 주요한 애착 대상에 대해서 차분한 상태를 유지하면서 적극적으로 평가절하한다.
"예, 집을 나와서 친척집에 있었어요. 아버지를 피해서 도망간 거죠. 가출이라고 할 수 있죠. 네, 맞아요. 아버지 그 사람을 피해서 가 있었어요."
집을 나갔을 당시 아버지의 반응을 묻는 질문에 대해서는 "그 사람은 하나부터 열까지 다 맘에 안 들었던 거죠. 서로가 앙숙이죠. 그 사람도 참 불쌍한 사람이라고 봐요".

사례 3   부모에게 직접적으로 거부당한 증거는 제시할 수 있지만, 그 영향은 받지 않았다고 생각한다. 즉 부정적인 사건이지만 결말이 좋았다고 여긴다. 부모와 사이가 좋지 않았던 어린 시절에 대한 이야기를 들은 뒤, 부모와의 경험이 지금의 성격에 미친 영향을 묻자, "결과적으로는 좋은 영향을 미쳤죠"라고 대답한다.

3. 집착형 불안정애착 성인의 경우

사례 1   어린 시절의 경험이 잘 정리되어 있지 않다. 부모에 대해서 성인이면서도 아이 같은 태도로 말하거나 전혀 상관없는 주제를 말하기도 한다. 부모에 대해 좋지 않다고 대답하는 성인에게 이를 설명할 수 있는 특정 사건을 말해 달라고 질문하면 다음과 같이 대답한다.

"엄마한테 뭐 그런 것도 있었고 부부싸움 할 때 저기도 있었고, 어…… 이제 자기 위주의 어떤 그런 독선적인 생각을 멋대로 내뱉고, 어…… 엄마는 또 무조건 옛날 요즘 여자처럼 안 그러시고 옛날에 그 아주, 여자처럼 다소곳하고 진짜 저기하고 조용히 저기하는 식으로, 뭐 지금 같으면 나도 맞지 않죠. 반항하니까요. 그런데 그런 게 없고 그냥 자식 낳았으니까 키워야 된다는 옛날 여자들 그런 생각 있죠. 그냥 뭐 그런 저기가 많이 되어 있죠. 쪼금 저기해요."

사례 2 "어릴 때 당신이 서운하게 느꼈던 것을 부모님도 아셨을까요?"라는 질문에 이렇게 대답한다.

"우리 엄마가 알았겠느냐고요? 모르지요. 몰랐을…… 몰라…… 모르지 뭐…… 그리고 지금 우리 엄마는 절대로 아들딸 차별하지 않았다고 부르짖는 사람이에요. 지금도 그러니까 나하고 지금 사이가 더 안 좋은 게 나는 엄마가 인정하기를 바라고, 우리 엄마는 죽어도 아니다, 똑같이 키웠다, 열 손가락 깨물어서 안 아픈 손가락 있는 거 봤냐, 이렇게 부르짖고 있어요. 나는 절대 아니다. 엄마에게 차별한 것을 인정하라고 하죠. 너무 괘씸한 거야. 그렇게 차별하고 구박해 놓고서 안 했다고 우기니 말이죠.

거기다 툭하면 다른 집 딸하고 비교해요. 걸핏하면 누구 집 딸 봐라, 엄마에게 얼마나 잘하냐, 그런데 우리집은 딸년들이 하나같이 못돼먹어서, 이제 이러면서 불평하고 울고불고하는 거예요. 그럼 나는 속이 미어터지죠. 엄마가 나한테 해준 게 뭐 있는데? 엄마가 그 집 엄마처럼 딸을 끔찍하게 키웠느냐고 지금도 싸우죠.
한편으로는 엄마가 살아온 인생이 불쌍하다가도 엄마가 더 잘해달라고 하면 정말 화가 나요. 정말 불쌍해서 잘하려고 하는데, 엄마가 딸한테 한 것치고는 정말 딸들이 잘해주는데도 부족하다고 더 달라고 그러니 짜증이 나더라고요."

| 부록 3 |

아이의 뇌는 어떻게 발달하는가?

애착은 뇌간, 변연계, 대뇌피질 등 뇌의 세 가지 기본 영역을 기반으로 부모와의 상호작용을 통해 형성된다고 앞에서 설명했습니다. 아이의 뇌는 생후부터 급격히 발달해서 10세 무렵에는 성인의 크기에 이를 만큼 성장하고, 그 후에도 25세 정도까지 서서히 성숙해 갑니다. 중요한 의미가 있는 연령별로 아이들의 정상적인 성장 내용과 그에 필요한 양육자의 태도를 정리해 보면 다음과 같습니다.

연령	발달 내용	무엇이 필요한가?
2개월	밤낮을 가리고, 엄마와 눈을 맞춘다. 즐거움과 불편함을 인지하고 표현한다.	울거나 칭얼거릴 때 즉시 젖을 주고 안아주고 기저귀를 갈아준다.
6개월	편도핵의 발달로 공포 시스템이 성숙되어 낯가림을 시작한다. 또 엄마의 목소리를 듣고 언어 능력의 기초가 될 모음 소리를 인식하기 시작한다.	높은 톤의 목소리로 아기의 옹알이를 격려해 주고, 낯가림이 시작된 것을 뇌의 정상적인 발달로 이해한다.
10개월	애착 인물에게 집중한다.	애착 인물이 고착되는 시기이므로 '엄마와의 분리'는 극도의 불안을 야기함을 이해한다. 12개월까지는 아기가 해달라는 대로 해준다.
12개월	애착 패턴(안정형, 불안정형)을 형성하고, 애착 인물이 고정되며(엄마만 찾음), 걷기와 말하기를 시작한다.	

18개월	해마체가 성숙하면서 장기기억 전환 기능이 생성되며, "싫어"라고 말할 수 있는 능력이 생긴다.	해마체가 스트레스에 약함을 인식하고 편하고 즐거운 경험을 만들어준다.
24개월 36개월	24개월경부터 분리불안이 극대화된다. 애착 패턴(안정형, 무시형, 집착형, 혼란형)이 완성된다.	평생 성격을 결정하는 애착 패턴이 완성되는 시기이며, 아이의 분리불안이 가장 절정에 이르는 시기이므로 이때의 분리는 마음의 상처가 될 수 있음을 이해한다.
만 4세	형성된 애착 패턴을 가지고 또래 집단에 대한 사회적 적응을 시작한다.	다른 사람의 마음을 헤아리는 능력이 생기기 시작하므로, 배려하고 공감하는 훈련이 필요하다. (마음의 이론 : 남의 마음이 내 마음과 다르다는 사실을 인정하는 것)
만 6세	뇌량이 발달하기 시작하면서 좌뇌와 우뇌의 정보가 장기기억으로 통합되는 것이 가능해진다(영구적인 삽화기억을 생성해 냄).	장기기억 시스템이 발달하는 시기로, 절차기억, 의미기억, 삽화기억의 통합 능력을 획득한다(안정애착의 경우). 불안정애착은 세 가지 기억 시스템을 정상적으로 통합하는 것이 불가능하다.
만 10세	뇌의 크기가 출생 시보다 4배가량 증가하는 시기로, 성인의 크기에 도달하며 언어 습득 능력이 완성된다.	제2외국어를 배우게 하려면 10세 이전에 시작하는 것이 좋다.
14세경	전전두엽의 발달로 고등 수학, 물리 등 인지적 학습 능력이 증대된다. 또한 뇌량이 완성되어 좌뇌와 우뇌의 정보를 완전하게 통합 처리할 수 있다.	뇌량의 성숙과 전전두엽의 본격적인 발달로 고도의 인지적 학습을 시작하는 단계에 진입했음을 이해하고, 사춘기의 시작과 함께 자기 관리 능력을 키워주어야 한다.
25세경	전전두엽이 성숙 완료 단계에 진입한다.	뇌 발달 측면에서 보면 완전한 성인이 되었음을 의미한다.

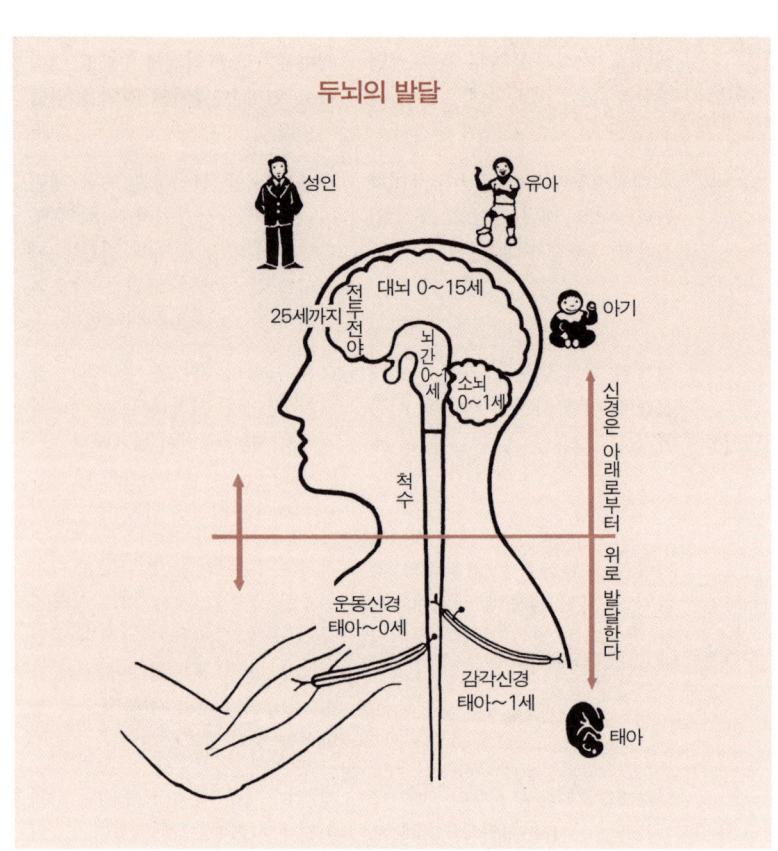